Erfolg im Dienst für Gott

Wie wird man ein Mensch,
den Gott gebrauchen kann?

2

Sunday Adelaja

Internationale Trainingsschule für Leiter e.V.

History Makers in Deutschland

Postfach 200153
63468 Maintal

Anmeldung unter:

- www.itl-godembassy.de
- omoto@mail.ru
- www.sundayadelaja.de

Impressum

The Man That God Will Use
Sunday Adelaja
© Fares Publishing House 2002

Aus dem Englischen übersetzt von Günter J. Matthia, im Auftrag von Siegfried Ballentin (www.apundp.de) / History Makers Frankfurt/Main (www.itl-godembassy.de)

Bibelzitate sind aus der Revidierten Elberfelder Bibel, © 1985/1999/2006 R. Brockhaus Verlag, Wuppertal übernommen, wenn nicht anders vermerkt.

Satz, Layout, Gestaltung: MatMil Translations & Desktop Publishing, Berlin (www.matmil.de)
Fotos: godembassy.org

© 2011
Herstellung und Verlag:
Books on Demand GmbH, Norderstedt
ISBN 978-3842365926

Viele weitere Informationen über die »Botschaft Gottes« und Pastor Sunday Adelaja im Internet: www.godembassy.org :: www.pastorsunday.org :: www.sundayadelaja.de
Weitere Bücher des Autors in deutscher Sprache:
Ehe. Himmlische Atmosphäre in der Familie - ISBN 978-3842328396
Die ganze Welt wartet auf dich! - ISBN 978-3842328778
Weisheit. Der Schlüssel, um auf Erden zu herrschen - ISBN 978-3842350779

Inhalt

Über Pastor Sunday Adelaja und die »Botschaft Gottes«

Pastor Sunday Sunkammi Adelaja wurde in Nigeria geboren. Er wuchs dort in einem traditionell christlichen Elternhaus auf. 1986 wurde er, sechs Monate vor dem Beginn seines Studiums in der ehemaligen Sowjetunion, zum wiedergeborenen Gläubigen.

Er musste in Minsk an der Belarusuniversität als angehender Journalist auch Marxismus-Leninismus sowie die Theorie des Kommunismus und Atheismus studieren. Gottes Plan mit Pastor Sunday sah vor, dass er den Zusammenbruch des Kommunismus miterleben durfte, sodass er seither als helles Licht des Evangeliums in der früheren Finsternis des Atheismus leuchten kann.

1994 wurde er zum Gründer und leitenden Pastor der »Embassy of the Blessed Kingdom of God for All Nations« (Botschaft des gesegneten Königreichs Gottes für alle Nationen) in Kiew, Ukraine. Er ist ein junger, visionärer Leiter mit einer apostolischen Gabe für das 21. Jahrhundert. In seinen 30ger Lebensjahren hat Pastor Sunday sich bereits als einer der dynamischsten Kommunikatoren und Gemeindegründer unserer Generation erwiesen. Er ist als einer der begabtesten Lehrer des Wortes Gottes anerkannt und übt die Gaben des Geistes auf außergewöhnliche Weise aus, vor allem das Wort der Erkenntnis. Seine

Lehre und diese Gaben haben erheblich zum rapiden Wachstum seiner Gemeinde beigetragen.

In einer einst vom Evangelium unerreichten Gegend Osteuropas beheimatet, hat diese Gemeinde, die etwa 25.000 Mitglieder zählt, bereits über 400 Tochtergemeinden gegründet, in der früheren Sowjetunion und in anderen Ländern, darunter die Vereinigten Arabischen Emirate, die USA, die Niederlande, Deutschland und Indien. Gott hat den in Afrika geborenen Pastor Sunday mit der Fähigkeit beschenkt, seinen Dienst über Grenzen zwischen Rassen, Kulturen und Denominationen hinaus auszuüben.

Seine Gemeinde in Kiew besteht zu über 90 Prozent aus Europäern, darunter sind Russen, Ukrainer und andere Nationalitäten. Weil das persönliche Wachstum für die Fundamente der Gemeinde so wichtig ist, engagiert sich rund die Hälfte der Mitglieder in ehrenamtlichen Diensten, unter anderem in über 2.000 Hauskreisen.

In den Jahren, seit dieser Dienst besteht, haben über eine Million Menschen ihr Leben an Jesus Christus als ihren persönlichen Herrn und Erretter übergeben.

Der Einfluss von Pastor Sunday in den Bereichen Gemeindewachstum, Gebet und Evangelisation wurde sowohl vom Charisma Magazin als auch von anderen christlichen und säkularen Zeitschriften gewürdigt. Die Radio- und Fernsehprogramme der Gemeinde erreichen wöchentlich etwa acht Millionen Menschen in der Ukraine; Millionen weitere Zuhörer und Zuschauer werden über eine wöchentliche Sendung auf TBN und über andere

Programme in Europa, Russland und Afrika erreicht. Pastor Sunday war einer der Hauptsprecher des »Global Pastors Network« (Weltweites Pastorennetzwerk), das vom inzwischen verstorbenen Dr. Bill Bright ins Leben gerufen worden war.

Die »Stephania Suppenküche« der Gemeinde in Kiew versorgt täglich 2.000 Menschen mit Nahrung und dient durch missionarische Aktionen in Hunderten von Armenvierteln vernachlässigten Kindern. Gott hat das »Love Rehabilitation Center« benutzt, um das Leben von mehr als 3.000 Drogen- und Alkoholsüchtigen anzurühren, wodurch sie frei wurden von den Fesseln ihrer Sucht.

Um das Wirken Gottes von der Ukraine aus in andere Nationen weiterzutragen, hat Pastor Sunday über 90 Bücher geschrieben und Tausende von Predigten aufgenommen. Einmal jährlich organisiert er eine Konferenz für Pastoren und leitende Mitarbeiter, an der jeweils über 1.000 Diener Gottes teilnehmen, um das Thema »Pastor sein ohne Tränen« zu studieren. Pastor Sundays Herz brennt dafür, in den Dienern Gottes das Feuer und die Kraft zu entzünden, mit denen sie ihre Städte und Länder verwandeln können. Inzwischen erstreckt sich der apostolische Dienst von Sunday Adelaja weit über die Grenzen der Ukraine hinaus, er ist in vielen Nationen weltweit ein gefragter Sprecher und ein Pastor für Pastoren. Mittlerweile hat er über 40 Länder besucht.

Pastor Sunday ist glücklich mit seiner »Prinzessin« Bose verheiratet, das Ehepaar mit drei Kindern gesegnet, Perez, Zoe und Pearl.

Ein Wort vom Autor

Gott gab mir den Impuls, dieses Buch für Menschen zu schreiben, die großes Verlangen nach ihm haben, denn solche Menschen wird er einsetzen.

Gott erwählt Menschen unabhängig von ihrem Alter. Er kann junge und ältere Christen, die nach Gott streben und um sein Werk eifern, gebrauchen: Menschen, die sich danach sehnen, die Herrlichkeit Gottes auf der Erde zu offenbaren und das Licht des Evangeliums in die Welt zu tragen.

Nicht jedem bietet sich die Möglichkeit, von gesalbten Leitern zu lernen oder in einer Gemeinde auszuwachsen, in der die Kraft des Heiligen Geistes offenbart wird. Doch Menschen, die diese Möglichkeiten nicht haben, sind nicht anders als diejenigen, denen derartige Privilegien vergönnt sind. Sie dürsten danach, Gott zu dienen und seinen Namen zu verherrlichen. Ich glaube, dass solche Gläubige dieses Buch lesen werden und dass Gott ihnen helfen wird, das Reich Gottes mit Vollmacht auszubreiten.

Für mich gibt es keinen Zweifel, dass dies eines der wichtigsten Bücher ist, mit denen sich Menschen auf den Dienst im Reich Gottes vorbereiten können. Während ich dieses Buch schrieb, hat der Heilige Geist mir gesagt, dass es ein Lehrbuch an vielen Bibelschulen sein wird.

Ich bete darum, dass zahlreiche Diener am Evangelium Jesu Christi durch dieses Buch in das Reich Gottes hineingeboren werden.

Lies diese Seiten mit dem ernsthaften Verlangen, ein erfolgreicher Diener Gottes zu werden.

Möge Gott dich segnen!

Sunday Adelaja

Kapitel 1 – Weihe dich Jesus

Der Mensch, den Gott gebrauchen wird, muss einem einzigen Lebensziel, einer einzigen Berufung und einem einzigen Schicksal hingegeben sein.

Jeder Christ sehnt sich danach, Gott zu dienen. Diejenigen, die sich diesem Dienst völlig hingeben möchten, die darin erfolgreich sein wollen, müssen sich jedoch darauf vorbereiten. In der Bibel finden wir viele kostbare Ratschläge und Ermahnungen für Menschen, die berufen worden sind.

Der Mensch setzt sich's wohl vor im Herzen; aber vom HERRN kommt, was die Zunge reden wird.
Sprüche 16, 1 (Lutherübersetzung 1984)

Die Worte »setzt sich's wohl vor im Herzen« an dieser Stelle zeigen uns, dass wir unsere Herzen vorbereiten müssen. Wenn du zu einem geistlichen Dienst berufen bist, dann musst du dich darauf vorbereiten. Es ist entscheidend wichtig, dass du alles tust, was in deiner Macht steht, um ein erfolgreicher Diener Gottes zu werden. Der Erfolg dessen, was du tust, hängt davon ab, wie gut du dich darauf vorbereitet hast.

Wenn du ein Flugzeug steuern willst, fällt dir das leichter, wenn du vorher einen Pilotenkurs absolviert hast. Als Amateur dagegen dürfte dein Flug in einer Tragödie enden. Vorbereitung ist in allen Lebensbereichen notwendig.

Als ich Pastor wurde, verstand ich das besser als jemals zuvor. Ich sah viele Mitarbeiter und Pastoren von kleinen Gemeinden daran scheitern, dass sie zu schwach waren. Erfolg stellt sich nicht sofort ein.

Es gibt heute Kirchen und Gemeinden, in denen die Menschen nicht wissen, was Gebetsnächte sind, wo sie noch nie von 24-Stunden-Gebetsketten gehört haben. Es gibt Kirchen, in denen Leiterschaftstraining unbekannt ist. In manchen Gemeinden kennt man keine Hauskreise. Man kann nicht bestreiten, dass solche Gemeinden immer noch Gemeinden sind, aber großes Wachstum oder Erfolge sollten sie nicht erwarten. Der Grund für solche Schwächen ist oft die mangelnde Vorbereitung der Leitungspersonen auf ihren Dienst. Man kann erst während einer gründlichen Vorbereitung erkennen, was man zu tun hat, damit aus der Berufung ein erfolgreicher Dienst wird. Wenn dir das richtige und klare Verständnis fehlt, in welche Richtung du zu gehen hast, dann wirst du wahllos nach allem greifen, was dir auf deinem Weg begegnet.

Für Menschen, die wissen, dass sie in den Dienst am Reich Gottes berufen sind, ist dies sehr wichtig. Wenn du weißt, dass Gott dir bald einen bestimmten Dienst anvertrauen wird, dann musst du unbedingt genau betrachten, was vor dir liegt und wissen, wie du dich darauf vorbereiten kannst. Vor allem musst du eine klare Vorstellung davon haben, wie sich dein Dienst entwickeln soll.

Wenn du weißt, dass Gott dir einen bestimmten Auftrag gegeben hat, dann musst du unbedingt genau betrachten,

was vor dir liegt und dir darüber klar werden, wie du dich
auf diese Zukunft vorbereiten kannst.

Als ich Pastor wurde, wusste ich bereits, welche Entwicklung ich in meiner zukünftigen Gemeinde sehen wollte. Ich hatte eine klare Vorstellung von meinem Anbetungsteam und ich wusste auch, was ich zu tun hatte, um ein solches Team ins Leben zu rufen. Schon zwei oder drei Jahre bevor ich Pastor wurde, hatte ich das im Blick und arbeitete auf verschiedene Weise darauf hin, diese Anbetungsgruppe zustande zu bringen. Ich wusste auch, dass in meiner Kirche Wachstum stattfinden sollte, aber ich machte mir andererseits keine törichten Illusionen darüber.

Manche Pastoren stellen sich das so vor: »Ich werde ein wenig evangelisieren, und dann habe ich sofort Tausende von Menschen in meiner Gemeinde.« Mir dagegen war sehr bewusst, dass mein Ziel eine enorme Aufgabe mit sich brachte! Um einen Menschen zu »gewinnen«, reicht es nicht, ihn in eine Gemeinde zu bringen. Du musst auch alles in deiner Macht Stehende tun, um ihn in der Gemeinde zu behalten. Ich war mir völlig klar darüber, dass bestenfalls zehn Prozent derjenigen, die ihr Leben an Jesus übergeben, letztendlich in der Gemeinde bleiben werden. Aber ich glaubte daran, dass ich Resultate sehen würde, weil ich mir bereits Vorstellungen erarbeitet hatte, wie ich meine Ziele erreichen und dann die Erfolge auch dauerhaft behalten würde.

Du wirst in deinem Dienst nur dann erfolgreich sein, wenn du dich selbst entsprechend vorbereitet hast.

Darüber hinaus musst du auch wissen, was Gott von dir erwartet, wenn er dir einen bestimmten geistlichen Dienst anvertraut hat. Man kann die Berufung Gottes in gewisser Weise mit einem neuen Arbeitsplatz vergleichen. Es ist entscheidend wichtig, dass man weiß, welche Anforderungen der Arbeitgeber an den Stelleninhaber stellt. Du magst deinen Beruf gut beherrschen, aber das Wichtigste ist, dass du den Vorstellungen deines Arbeitgebers gerecht wirst, weil er dir schließlich die Arbeit gibt. Genau auf diese Weise ist es als Diener Gottes unverzichtbar, dass du weißt, welche Anforderungen mit dem bestimmten Dienst, den Gott dir anvertraut, verbunden sind, was für einen Menschen Gott auf diesem »Arbeitsplatz« zu sehen erwartet.

Unser Bibelvers spricht davon, dass der Mensch »es sich im Herzen vorsetzt«, dass der Mensch sein Herz vorbereitet. Die notwendige Vorbereitung geschieht *vor* dem Beginn des Dienstes. Sie wird dann beim Dienst hilfreich sein. Das letztendliche Resultat, die Frucht und der Erfolg in deinem Leben und Dienst kommt vom Herrn: »... aber vom HERRN kommt, was die Zunge reden wird.« Die Ergebnisse deiner Arbeit sind vom Herrn abhängig. Doch bevor Gott dich Früchte ernten lässt, muss deine Vorbereitung stattfinden. Wenn Gott sieht, dass du ausreichend vorbereitet bist, wenn er sieht, dass du an dir arbeitest, wenn er sieht, dass du die maximale Anstrengung aufbringst, um die Ziele zu erreichen, die er dir gesetzt hat, dann wird es ihm leicht fallen, deine Arbeit zu segnen, deine Gebete zu erhören, dir Frucht zu schenken und deine Mühe mit bleibendem Erfolg zu belohnen.

Du musst also einerseits allen Fleiß aufwenden, als hinge der Erfolg ausschließlich von deiner Arbeit ab, als könne niemand sonst auch nur irgendetwas zu deinem Erfolg beitragen – andererseits musst du verstehen und glauben, dass nur Gott dafür sorgen kann, dass das, was du geplant und woran du gearbeitet hast, Realität wird. In der natürlichen Welt tust du alles so, als hinge der Erfolg ausschließlich von dir ab. Doch in der geistlichen Welt bist du total von Gott abhängig, weil die Resultate deiner Arbeit nur von ihm kommen können. Ohne ihn kannst du nichts tun. Du musst begreifen, dass du ohne ihn hilflos bist, dass nur er selbst durch dich seine Arbeit tun kann. In der natürlichen Welt kann Gott nichts tun, weil er Geist ist. Er kann nicht einen Ziegelstein auf den anderen legen, das ist deine Aufgabe. Du bist es, der aus Fleisch und Blut besteht. In der geistlichen Welt musst du dich dagegen völlig auf ihn verlassen, musst glauben, dass für ihn kein Ding unmöglich ist und dass er alles für dich tun wird. Nur der Glaube gibt uns die Möglichkeit, mit Gott in der geistlichen Welt zu kommunizieren.

Du musst auch wissen, was Gott in dem Dienst,
den er dir anvertraut, von dir erwartet.

Gott beruft dich nicht in einen Dienst, damit du unglücklich, enttäuscht und entmutigt wirst. Ich glaube nicht, dass Gott seine kostbare Zeit mit so etwas verschwenden würde. Gott ist davon überzeugt, dass du erfolgreich sein kannst, wenn er dich beruft. Wenn also etwas schief geht, dann ist es nicht Gottes Schuld, sondern du hast etwas falsch gemacht. Ich glaube nicht, dass Gott einen

Menschen einfach nur zu einer Aufgabe beruft und es dann damit gut sein lässt. Wenn er dich berufen hat, dann will er, dass du nicht nur erfolgreich bist, sondern dass du den maximalen Erfolg hast. Er will nicht, dass du nur anfängst, Frucht zu bringen, sondern er möchte, dass die Frucht sich vervielfältigt.

Jeder, den Gott berufen hat, bringt das Potenzial für den Erfolg mit. Wenn du in Jesus Christus bist, wenn du Gott wohlgefällig lebst und nicht nach eigenen Dingen trachtest, wenn du seinen Willen tust, dann wirst du bestimmt in deinem Dienst erfolgreich sein. Gib nicht deiner Trägheit nach, bleibe nicht an einem Ort stehen, sei nicht damit zufrieden, nur 20 Menschen in deiner Gemeinde zu haben, akzeptiere nicht das Minimum als Dauerzustand. Strebe danach, das Maximum zu erreichen, denn Gott ist ein Gott der Fülle. Er ist kein Gott der Niederlage; er ist ein Gott des Erfolges. Er ist kein Gott des Stillstandes und der Depression; er ist ein Gott des Fortschritts, ein Gott des Vorankommens. Also richte deinen Geist auf Erfolg aus.

Du bist sein Kind. Jede Kreatur pflanzt sich entsprechend ihrer Art fort. Affen gebären Affen und starke Menschen haben starke Kinder. Gott ist die Quelle des Erfolges. Du bist sein Kind. Das heißt, dass du den Erfolg bereits in dir trägst. Du wirst also erfolgreich sein. Gib dich nicht mit weniger zufrieden!

Wenn ich feststelle, dass in unserer Kirche Stillstand herrscht und nichts vorangeht, wende ich mich an Gott, weine und bete; ich prüfe mich selbst und versuche herauszufinden, was ich womöglich falsch mache. Ich studiere meine Bibel, lese Bücher, stelle mich hin und bilde die Menschen aus. Ich versuche alles, was ich kann, weil ich weiß, dass nicht Gott den Fehler verursacht. Es könnte also etwas geben, was ich nicht richtig mache.

Gottes große Weisheit ist im Buch der Sprüche verborgen:

Vier sind die Kleinen der Erde, und doch sind sie wohlerfahrene Weise ...
Sprüche 30, 24

Es spielt keine Rolle, wie unbegabt oder unerfahren du sein magst, es ist egal, wie unglücklich dein Leben bisher verlaufen ist, es ist noch nicht einmal entscheidend, für wie hilflos du dich im Augenblick hältst. All das ist überhaupt nicht wichtig! Es steht geschrieben, dass es vier Kleine auf der Erde gibt, und doch macht ihre Weisheit sie groß. Worauf es ankommt, ist die Frage, wer in dir ist, aus wessen Geist du geboren wurdest, welcher Geist jetzt in dir lebt. Jesus, der in dir wohnt, unterscheidet dich von jedem anderen Menschen. Schau nicht auf deine Umstände, widme der Situation, die dich beengen will, keine Aufmerksamkeit. Diese Dinge sind unwichtig, sie sind Kleinigkeiten im Verhältnis zur Welt betrachtet; die Erde ist sehr groß.

Wenn du mit dem schnellsten Flugzeug die Erde umrundest, wirst du begreifen, wie groß sie ist. Zu Fuß von der Westgrenze bis zur Ostgrenze die Ukraine zu durchwandern wird dir auch einen Eindruck von der Größe der Welt geben. Du wirst begreifen, dass es auf der Erde viele Dinge gibt. Die Bibel sagt, dass unter all den Dingen, die auf der Welt existieren, vier Kleine sind, aber sie sind außerordentlich weise. Versuche, wie diese vier Kleinen zu sein. Schau nicht auf deine scheinbare Unzulänglichkeit, betrachte nicht deine negativen Eigenschaften! Fang an, dich in einem anderen Licht zu sehen, nimm dir vor, erfolgreich zu sein und glaube daran, dass du nicht nur Erfolg haben wirst, sondern großen Erfolg.

Jesus, der in dir lebt, unterscheidet dich
von allen anderen Menschen.

Als ich in die Ukraine kam, sagte mir ein Pastor: »Du brauchst hier keine Kirche zu gründen, weil daraus niemals etwas werden würde. Du wärest als reisender Prediger besser dran, wenn du Predigteinladungen von verschiedenen Kirchen annimmst. Glaubst du wirklich, dass die Menschen eine Kirche, die von dir geleitet wird, besuchen, geschweige denn, dass sie bleiben würden? Du sprichst die Sprache nicht fließend, du hast eine andere Hautfarbe. Du hast keine Chance, erfolgreich zu werden.« Aus der Sicht dieses Pastors gab es eine lange Liste von Problemen, die meinen Weg zum Erfolg blockierten. Doch in Sprüche 30, Vers 24 heißt es: **Vier sind die Kleinen der Erde.** Wenn du über deine eigenen Probleme und Unzulänglichkeiten nachdenkst, dann erinnere dich daran, dass es weiter heißt: ... **und doch sind sie wohlerfahrene Weise.** Diese paar Worte ändern die Aussage des Satzes. Wenn also der Teufel in schwierigen Zeiten anfängt, dich an all deine Probleme zu erinnern, dann sag einfach: »Mit Gott, in Jesus Christus und durch den Heiligen Geist sind sogar die Kleinsten auf der Erde wohlerfahrene Weise!«

Habe ich eine dunkle Haut? Ja. Spreche ich gebrochenes Russisch? Ja. Aber der Heilige Geist lebt in mir. Aber ich habe das Wort Gottes, die Bibel, in meiner Hand. Aber es gibt einen Gott im Himmel, und das reicht aus!

Das Gleiche gilt auch für dich. Du hast einen Kopf zum Denken, Augen zum Sehen und einen Geist, der alles lernen kann, was du wissen musst. Du hast Potenzial. Jeder von uns hat das Potenzial, der Mensch zu werden, als der er erschaffen worden ist.

> **Vier sind die Kleinen der Erde, und doch sind sie wohlerfahrene Weise. Die Ameisen, ein nicht starkes Volk, und doch bereiten sie im Sommer ihre Speise.**
> **Sprüche 30, 24-25**

Die Bibel sagt, dass die Ameisen kein starkes Volk sind. Als kleiner Junge war ich bezüglich der Ameisen sehr neugierig, ich wollte wissen, was im Winter mit ihnen geschieht. Ich dachte, sie wären nur im Sommer lebendig und nahm an, sie würden wegen der Kälte, durch Regen und Schnee sterben. Und wenn dann der Sommer kam und die Ameisen wieder auftauchten, fragte ich mich, warum der Schnee und die Kälte sie nicht umgebracht hatten. Heute weiß ich, dass sie überlebten, weil sie klug waren und sich im Sommer Futtervorräte für den Winter angelegt hatten.

Probleme, Hindernisse und Schwierigkeiten sind in sich selbst kein ausreichender Grund, dass ein Mensch eine Niederlage einstecken muss. Es ist möglich, jedes Hindernis zu überwinden. All deine negativen Umstände sind wie ein

Minus-Zeichen. Es braucht nur eine Handbewegung, um das Minus mit einem vertikalen Strich in ein Plus zu verwandeln. Anders ausgedrückt hast du sogar mit einem Minuszeichen, mitten in deiner negativen Situation, den Grundstock für ein Plus, den Beginn deines Sieges und Erfolges. Dieser Vorteil gehört dir. Du kannst dein Minus dazu einsetzen, voranzukommen. Doch um das zu bewerkstelligen, brauchst du Weisheit.

Probleme, Hindernisse und Schwierigkeiten sind in
sich selbst kein ausreichender Grund, dass ein
Mensch eine Niederlage einstecken muss.
Es ist möglich, jedes Hindernis zu überwinden.

Wenn man mir sagt: »Du bist schwarz, du bist emotional, du hast ein überschäumendes Temperament«, dann antworte ich: »Jawohl, das stimmt.« Und dann nehme ich diese Eigenschaften, die manche Menschen an mir negativ finden, und wende sie zum Guten, zu meinem Vorteil an: »Wie schade, dass du nicht so temperamentvoll bist wie ich. Ich werde dieses Temperament einsetzen, um das Evangelium zu predigen.« Und ich erlebe, dass Gott es gebrauchen kann. Deine Schwäche wird in der Hand Gottes zu einer Stärke. All deine Minuszeichen werden in Gottes Händen zu Stärke und Vollmacht. Das ist seine Herrlichkeit. Du musst in der Lage sein, das zu erkennen und es für deine Fortentwicklung und zur Ehre Gottes einzusetzen. Sei weise. Die Ameisen sind kein starkes Volk, aber sie sind außerordentlich weise, weil sie im Sommer ihre Vorräte für den Winter anlegen.

Die Klippdachse, ein nicht kräftiges Volk, und doch legen sie im Felsen ihre Wohnungen an.
Sprüche 30, 26

Menschen, die nicht stark sind, meinen manchmal, dass sie ihr Haus nicht auf einen Felsen gründen können. Selbst eine schwache Person, ein Volk, das nicht kräftig ist, kann aber ein festes Fundament haben. Auch in deiner Schwachheit gibt es einen Felsen, und auf den kannst du dein Haus bauen. Du magst dich fragen, wie eine schwache Persönlichkeit sein Haus auf einen Fels bauen kann. Welch eine enorme und schwierige Herausforderung für jemanden, der nicht stark ist! Aber genau darum geht es: **Es gibt Vier, die auf dieser Erde klein sind, aber sie sind wohlerfahrene Weise.** Wenn du Weisheit besitzt, kannst du auch als schwacher Mensch ein Haus im Felsen oder auf dem Felsen bauen.

Ich glaube nicht, dass Ameisen weiser sind als du. Also kannst auch du im Sommer deine Vorräte an Nahrung anlegen. Auch die Klippdachse sind nicht weiser als du. Also finde, sogar in deiner Schwachheit, einen Felsen, auf den du selbst ein starkes Haus baust. Du hast diesen Felsen, auf den du bauen kannst, und du hast den Sommer, um Vorräte zu sammeln.

Die Ameisen nutzen weise ihre Zeit: Im Sommer sammeln sie die Vorräte, von denen sie im Winter leben können. Auch du solltest deine Zeit weise einteilen. Womit verbringst du deine Tage? Was tust du, wenn für dich der Sommer da ist? Kannst du überhaupt den Unterschied zwischen Sommer und Winter sehen? Unterscheidest du die eine Stunde von der anderen, den Abend vom Morgen, den einen Tag vom nächsten?

Die Klippdachse sind weise Baumeister, sie wissen, dass man besser nicht auf Sand baut, sondern auf den Felsen, auf ein solides Fundament. Sie wissen, was sich als Fundament eignet und was nicht.

Dein Fundament ... was für ein Fundament hat dein Leben? Gebet und das Wort Gottes oder nur leeres Gerede? Worauf baust du dein Leben auf? Vielleicht bist du arbeitslos, vielleicht fehlt dir das notwendige Geld. Aber wenn du Weisheit besitzt, wirst du deine Wurzeln auf den Felsen hinabsenken. Du musst Gewissheit darüber haben, auf welches Fundament du dein Leben, deinen Dienst und deine Kirche baust.

Als ich in der Sowjetunion studierte, war das eine schwere Zeit für mich. Mir fehlte vieles. Ich hatte nicht genug Geld, um meine Eltern zu Hause zu besuchen. Aber Gott gab mir die Gnade und die Weisheit, in jener Lebensphase mein Fundament zu stärken, indem ich Zeit in der persönlichen Gemeinschaft mit ihm verbrachte. Andere Auslandsstudenten reisten in den Westen, um dort Geschäfte zu machen, aber ich verbrachte meine Zeit im Gebet, in der Gemeinschaft mit Gott und mit dem Lesen der Bibel, weil seinerzeit die Geschäfte, die meine Kommilitonen machten, illegal waren. Es gab damals noch keine sichtbaren Resultate in meinem Leben, aber Gott sorgte dafür, dass der Same, den ich in jenen Jahren säte, aufging. Und heute bringe ich die Ernte ein.

Wie sieht es bei dir aus? Wie baust du? Auf welches Fundament baust du? Es ist nicht unbedingt notwendig, Geld zu haben, wenn man etwas Großes baut. Man muss nicht das besitzen, was die anderen haben. Du musst nur eines wissen: Gott hat dir alles geschenkt, was du brauchst, um erfolgreich bauen zu können.

Baue, indem du deine Gaben, deine Talente und deine Fähigkeiten einsetzt, baue, indem du deinen Geist trainierst und indem du intime Gemeinschaft mit Gott praktizierst.

Die Heuschrecken haben keinen König, und doch ziehen sie allesamt aus in geordneten Scharen.
Sprüche 30, 27

Es gibt bei den Heuschrecken keinen König. Niemand leitet sie. Sie genießen absolute Freiheit. Sie können leben, wie sie wollen, fliegen, wohin sie mögen und sich benehmen, wie es ihnen gefällt. Sie sind nicht durch Gesetze oder Regeln eingeschränkt. Sie können faulenzen und ihre Zeit mit Untätigkeit vertrödeln. Sie haben die Möglichkeit zu tun, was ihnen gefällt, genau wie Menschen, die kein Ziel haben.

Gott möchte, dass wir die Weisheit der Heuschrecken besitzen. Obwohl sie keinen Anführer haben, sind sie alle diszipliniert und gut organisiert. Weisheit wird auch dir dabei helfen, dein Privatleben zu organisieren, deinen Dienst und deine Beziehungen zu anderen Menschen. Sei weise in deinem persönlichen Lebensbereich und du wirst immer ein Gespür für Ordnung in deinem geistlichen Dienst haben; du wirst wissen, was zu tun ist, wann es zu tun ist und für wen es zu tun ist. Du wirst wissen, wer für jeden einzelnen Bereich in deinem Dienst verantwortlich ist. Strebe danach, ein Höchstmaß an strukturierter Organisation und Ordnung in deinem Dienst zu etablieren. Definiere klar, was genau du für die Menschen und was genau du für Gott tust. Überprüfe, wie viel Zeit du für diese Aufgaben aufwendest und wie du sie bewältigst. Prüfe dich selbst und finde heraus, was du dir erlauben kannst und was nicht. Sei streng mit dir selbst.

Der Apostel Paulus sagte, dass er vor Gott und den Menschen ein reines Gewissen hatte. Organisiere dein Leben so, dass du Gott zur Priorität machen kannst. Organisiere dein Leben so, dass an der zweiten Stelle nach Gott deine Familie steht. Danach organisiere deinen Dienst in angemessener Weise. Es ist absolut unverzichtbar, dass du dein Leben ordnest. Das ist ein Zeichen von Reife, das ist die Weisheit der Heuschrecken. Doch die Weisheit der Heuschrecken ist nicht einfach nur eine Organisation zu haben, sondern auch, nicht darauf zu warten, bis jemand dich anschiebt oder antreibt, etwas zu tun. Übernimm selbst die Initiative. Warte nicht darauf, dass andere Menschen dir den Startschuss geben.

Organisiere dein Leben so, wie Gott es haben möchte. Wenn du betest, dann bitte Gott um seinen Rat für deine Anliegen, und du wirst direkt vom Himmel die weisesten Ratschläge bekommen. Gott wird dir die Strategie offenbaren, die du in deinem Dienst benötigst und er wird dir alle Weisheit geben, die du brauchst. Er wird dir fortwährend neue Dinge offenbaren, die du noch nicht kanntest, die aber für dich sehr wichtig sind.

Organisiere dein Leben so, wie Gott es haben möchte. Wenn du betest, dann bitte Gott um seinen Rat für deine Anliegen, und du wirst direkt vom Himmel die weisesten Ratschläge bekommen.

Meine schwierigste Aufgabe als Pastor besteht darin, den Menschen auf die eigenen Füße zu helfen, ihnen beizubringen, wie sie die Initiative ergreifen, damit sie anfangen können, zu bauen, selbst etwas in Gang zu setzen, ohne einen Anstoß von außen zu benötigen. Die Menschen gewöhnen sich über die Jahre an ein Denken, das sie dazu bringt, sich auf die Weisheit anderer zu verlassen, die Entscheidungen anderer zu verwirklichen und von jemand anderem zu erwarten, dass er ihnen sagt, wie sie leben sollen.

Als zukünftiger Diener Gottes wirst auch du ähnlichen Problemen begegnen, weil du es mit Menschen dieser Generation zu tun bekommst. Aus diesem Grund musst du weise sein und auf der Hut, damit du die Fragen der Menschen beantworten kannst.

Wenn jemand seine eigenen Probleme ohne Instruktionen oder Hilfe von anderen lösen kann, demonstriert dies seinen Reifegrad, es zeigt, dass er zu einem unabhängigen Menschen geworden ist. Wir als Pastoren und Diener Gottes müssen den Menschen helfen, sich von den Fesseln der althergebrachten Denkgebäude zu befreien und auf eine neue Art zu denken, frei zu sein statt durchschnittlich.

Wenn du Pastor bist, dann lehre deine Gemeinde, wie man unabhängig denkt und Probleme löst, ohne von deinen Instruktionen abhängig zu sein. Sei kein Leiter, der versucht, die Menschen zu kontrollieren, sie einzuschränken, sondern sorge für ein kreatives Umfeld, in dem die Menschen die Initiative ergreifen können, damit sie »Erwachsene« werden, die sich intellektuell weiterentwickeln und auf tiefere Weise denken. Sie sollen nach verschiedenen Wegen suchen, um Probleme zu lösen. Lerne es, auf eine Frage mehrere Antworten zu haben und eigene Entscheidungen zu treffen. Das ist die Weisheit der Heuschrecken: Sie sind unabhängig von Anweisungen von Außen.

Die Spinne wirkt mit ihren Händen und ist in der Könige Schlössern.
Sprüche 30, 28 (Lutherübersetzung 1912)

Die Spinne ist eine interessante Kreatur. An ihr ist nicht Besonderes, sie kann sich nicht einmal so fortbewegen wie andere Tiere. Die Spinne hält sich einfach mit ihren Beinen an etwas fest und hängt stundenlang geduldig in ihrem Netz, bis etwas Essbares daherkommt. Aufgrund ihrer Weisheit kann sie sogar in Königspalästen gefunden werden, in den intimsten Räumen des Königs, zu denen nur einigen auserwählten Menschen der Zutritt gestattet ist.

Was bedeutet das? Es soll uns sagen, dass uns Gott aufgrund unserer Weisheit, unserer Ausdauer und unserer Beharrlichkeit in die höchsten Höhen erheben kann, dass er uns Geheimnisse offenbaren kann, die zuvor unerreichbar waren. Deine Gewissenhaftigkeit, deine Entschlossenheit, deine Hingabe an die Arbeit, der du dich gewidmet hast, deine Sehnsucht, jede Aufgabe, die dir gegeben wurde bis zum Ende durchzuführen, dabei alle Schwierigkeiten und Hindernisse zu überwinden – solche Dinge werden dir die Türen sogar im Palast der Könige öffnen. Gott gibt Reichtum und Ehre in gewissenhafte Hände, die Bibel bestätigt das:

> **Siehst du einen Mann, der gewandt ist in seinem Geschäft – vor Könige wird er hintreten, er wird nicht vor Niedrige hintreten.**
> **Sprüche 22, 29**

Der Mensch, der nicht zurückweicht, der nicht etwas anfängt und dann später aufgibt, der nicht über Müdigkeit klagt oder Ausflüchte wegen seiner Fehler sucht, der wird von vielen Menschen respektiert und von Gott gesegnet werden. Er wird vor Könige hintreten.

Wenn du Pastor bist, dann lehre deine Gemeinde, wie man unabhängig denkt und Probleme löst, ohne von deinen Instruktionen abhängig zu sein. Sei kein Leiter, der versucht, die Menschen zu kontrollieren, sie einzuschränken, sondern sorge für ein kreatives Umfeld, in dem die Menschen die Initiative ergreifen können.

All die Qualitäten, die wir besprochen haben, sind notwendig, wenn ein Mensch sich wirklich gründlich vorbereiten will, damit er dann wachsen und stark werden, zu einer Person werden kann, die Gott gebrauchen wird.

Die Hauptsache für einen solchen Menschen ist es, dass er seinem großen Ziel völlig hingegeben ist, unbeirrt die großen Ziele seines Lebens verfolgt. Gott wird nur Menschen gebrauchen, die sich seinem Auftrag völlig gewidmet haben, die an ihrer Entscheidung festhalten und sich nicht durch Umstände erschüttern lassen. Menschen, die sich der enormen Größe ihres Ziels bewusst sind, die wissen, dass es keinen Weg zurück gibt, dass alle Brücken hinter ihnen verbrannt sind und dass es nur eine einzige Möglichkeit gibt, Gottes Berufung zu erfüllen, nämlich ausschließlich mit der Hilfe Gottes.

Wenn ein Mensch sich ernsthaft, absolut und unwiderruflich seiner Berufung hingibt, seinem Schicksal, seinem Ziel, dann wird er mit größter Sicherheit einen erfolgreichen Dienst haben. Das bedeutet, dass er nicht seinen eigenen Vorteil sucht, er will vielmehr demjenigen gefallen, der ihn berufen hat. Doch nur Gott weiß, ob ein Mensch wirklich bereit ist, ihm zu dienen. Nur Gott kennt dein Herz. Er wird anfangen, dich zu segnen, sobald er erkennt, dass du dich vorbereitet hast. Und das bedeutet nicht nur materiellen Segen – der ist nur ein kleiner Teil dessen, was du brauchst, um ihm dienen zu können.

Wir wissen von vielen Missionaren, die Not gelitten haben, unter sehr schwierigen Lebensbedingungen wirkten, die verfolgt wurden und in Armut starben. Doch das Ergebnis ihres Dienstes war gewaltig; Gott segnete sie mit Früchten, die bis heute Teil der Ernte im Reich Gottes sind.

Es ist nicht möglich, dass ein Mensch, der sich völlig einem Ziel und einer Berufung hingegeben hat, ein Mensch, der wirklich sein Leben Gott geweiht hat, ohne Frucht bleibt. Er wird nicht nur Frucht hervorbringen, sondern von einem solchen Ausmaß des Gedeihens überschüttet werden, dass andere es für fast unmöglich halten. Eine solche Person wird dem Erfolg gar nicht entfliehen können; selbst wenn Erfolg ihr nichts bedeutet, wird sie erfolgreich sein. Ein solcher Mensch ist zum Erfolg verurteilt. Gott wird sein Wort erfüllen, weil er über seinem Wort wacht, es auszuführen (Jeremia 1, 12). Das Wort Gottes sagt nämlich, dass jemand, der bereit ist, sein Leben zu verlieren, sein Leben gewinnen wird.

Wenn jemand über irdische Dinge nachdenkt, über sich selbst, seinen Komfort, bestimmte fleischliche Genüsse, wenn er zu viel Zeit und Energie auf diese Dinge verschwendet, wird er sein Ziel niemals erreichen.

Doch wer darauf vorbereitet ist, sein Leben zu verlieren, der wird es finden. Wenn du dein gegenwärtiges Leben gegen etwas Besseres eintauschen willst, musst du zuerst deinem früheren Leben abschwören, als würdest du es verlieren. Aber wenn du Angst davor hast, dich von deiner Vergangenheit zu trennen, wenn du dein bisheriges Leben mit all dem Komfort, der Bequemlichkeit und den alten Angewohnheiten liebst, dann wirst du niemals erfahren, was wirkliches Leben ist. Ein Mensch, den Gott gebrauchen wird, sucht nicht den eigenen Gewinn oder eigene Behaglichkeit. Er sorgt sich nicht darüber, was er hat und was ihm fehlt; er ist auch nicht von der Meinung anderer Menschen abhängig. Er hat nur sein Ziel im Blick und richtet alle Aufmerksamkeit darauf, es auch zu erreichen. Ein solcher Mensch ist bereit, jeden Preis zu bezahlen, damit er das Ziel seines Bundes mit Gott erreicht.

Der Himmel wartet darauf, dass es mehr solche Menschen gibt. Ich bete fortwährend dafür. Das Evangelium leidet an einem Mangel von wirklich hingegebenen Menschen, und das zieht die ganze Christenheit nach unten.

Herr, hilf uns allen, uns vollständig den Zielen Gottes hinzugeben, dem Ruf Gottes und unserer eigenen Bestimmung!

Auch die ersten Christen und Apostel warteten darauf, dass Menschen wie sie selbst geboren wurden, Menschen, die sagen konnten: *Leben bedeutet für mich Christus!* Nichts sonst hat irgendeine Bedeutung!

Der Apostel Paulus sagte:

> **Brüder, ich denke von mir selbst nicht, es ergriffen zu haben; eines aber tue ich: Ich vergesse, was dahinten, strecke mich aber aus nach dem, was vorn ist, und jage auf das Ziel zu, hin zu dem Kampfpreis der Berufung Gottes nach oben in Christus Jesus.**
> **Philipper 3, 13-14**

Paulus ließ seine Vergangenheit hinter sich, um einem höheren Kampfpreis nachzujagen; der Berufung des Allerhöchsten. Nur Christus war für ihn wichtig. Und so muss es bei dir und bei mir auch sein.

Ein höheres Ziel, ein höherer Kampfpreis, eine höhere Errungenschaft ... was ist für dich die höhere Berufung Gottes in Christus? Wofür lebst du? Was wird die Erfüllung deines Lebens ausmachen? Finde deine Bestimmung heraus, finde heraus, wie diese höhere Berufung für dich aussieht und dann widme dich ihr vollständig bis zum Ende. Paulus ließ um Jesu Christi willen vieles in seinem Leben hinter sich: materiellen Wohlstand, seinen guten Ruf, sein Prestige und seinen gesellschaftlichen Stand. Es gab kein Privileg, das ihm die Freude und den Segen der Gemeinschaft mit Jesus hätte ersetzen können. Er ließ alles zurück, um dem Einen zu gefallen, der ihn berufen hatte. Diesbezüglich sagt Paulus zu uns:

... obwohl auch ich Vertrauen auf Fleisch haben könnte. Wenn irgendein anderer meint, auf Fleisch vertrauen zu können – ich noch mehr: Beschnitten am achten Tag, vom Geschlecht Israel, vom Stamm Benjamin, Hebräer von Hebräern; dem Gesetz nach ein Pharisäer; dem Eifer nach ein Verfolger der Gemeinde; der Gerechtigkeit nach, die im Gesetz ist, untadelig geworden. Aber was auch immer mir Gewinn war, das habe ich um Christi willen für Verlust gehalten.
Philipper 3, 4-7

In diesem Brief beschreibt er die Eigenschaften eines Menschen, der seiner höheren Berufung wirklich hingegeben ist. Ein solcher Mensch hat nur eine einzige Bestimmung in seinem Leben, ein Ziel, eine Sehnsucht, eine Berufung. So müssen auch wir leben. Es gibt viele Diener Gottes, die nicht brennen, sondern kaum schmoren. Ihre geistlichen Dienste und Gemeinden sind genauso lauwarm. Wir müssen selbst brennend heiß sein, müssen die Herzen derer, die uns nachfolgen, genauso heiß in Brand setzen.

Wir müssen an uns selbst sichtbar machen, dass wir im Dienst für Gott anders sind, müssen etwas Besonderes tun, und dann erleben wir große Durchbrüche in der geistlichen Welt. Wir werden sowohl in der Hölle als auch im Himmel wohl bekannt sein, und dann werden wir in die Geschichte eingehen, werden sie geprägt haben.

Solche Menschen werden genau wie Paulus sagen: *Wenn ich lebe, dann lebe ich für Christus; und wenn ich sterbe, dann sterbe ich für Christus.* Solche Menschen haben keine eigenen Bedürfnisse mehr. Sie sind dieser höheren Berufung Christi hingegeben. Wir müssen alle diesbezüglich reif in unserem Verständnis werden. Hingabe an eine große Bestimmung bedeutet nicht, dass du dich völlig von der Welt absonderst. Trotz seines gewaltigen Dienstes arbeitete Paulus weiter mit seinen eigenen Händen und das kam ihm niemals absurd vor. Er tat es nur um Christi willen.

Aber was auch immer mir Gewinn war, das habe ich um Christi willen für Verlust gehalten.
Philipper 3, 7

Bist du auf all das vorbereitet? Viele Menschen wollen Christus missbrauchen, um persönlichen Gewinn zu erlangen, für die eigene Bequemlichkeit, um selbstsüchtige Ambitionen zu befriedigen. Für manche Christen ist der Dienst im Reich Gottes eine Karriereleiter. Doch ein Mensch wie der Apostel Paulus kann nicht ohne Frucht bleiben.

Wenn du all die Dinge, die dir einst Gewinn waren, um Christi willen vergisst, wirst du in Christus alles gewinnen. Ich meine nicht Schätze und Reichtum, prächtige Paläste und teure Autos. Paulus hatte nichts Derartiges, und dennoch war er reicher als wir alle. Sein Wohlstand, sein Schatz war die Frucht, die er erntete, die gleiche Frucht, die Gott auch in uns hervorbringt. Solche Frucht ist ein Schatz, der nicht verderben kann, eine hohe Belohnung und eine überragende Errungenschaft.

Das Wort Gottes sagt, dass du hundertfältig jetzt in diesem Leben und im Leben nach diesem erstattet bekommst, was du um seinetwillen hier auf der Erde hinter dir lässt. Diese Verheißung wird sich erfüllen. Wenn jemand sein Leben erhalten will, muss er es zuerst opfern und verlieren.

Wenn du gibst, dann empfängst du. Das ist Gottes Prinzip. Zuerst musst du geben, und hinterher wirst du empfangen. Doch selbst wenn du von deiner Berufung und deiner Bestimmung überzeugt wärest und dabei denken würdest *na ja, Gott wird es mir auch später noch schenken*, dann wirst du keinen Erfolg erleben. Gott sieht nämlich die Gedanken deines Herzens. Stelle sicher, dass dein Gewissen und deine Motive vor ihm rein sind, dass du nur das eine willst: Ihm wohlgefällig sein.

Ja wirklich, ich halte auch alles für Verlust um der unübertrefflichen Größe der Erkenntnis Christi Jesu, meines Herrn, willen, um dessentwillen ich alles eingebüßt habe und es für Dreck halte, damit ich Christus gewinne und in ihm gefunden werde – indem ich nicht meine Gerechtigkeit habe, die aus

dem Gesetz ist, sondern die durch den Glauben an
Christus, die Gerechtigkeit aus Gott aufgrund des
Glaubens -, um ihn und die Kraft seiner Auf-
erstehung und die Gemeinschaft seiner Leiden zu
erkennen, indem ich seinem Tod gleich werde, ...
Philipper 3, 8-10

Beschränke dich auf ein einziges Ziel, einen einzigen Gewinn – Christus zu kennen.

... um ihn und die Kraft seiner Auferstehung und
die Gemeinschaft seiner Leiden zu erkennen, indem ich seinem Tod gleich werde, ob ich irgendwie hingelangen möge zur Auferstehung aus den
Toten. Nicht, dass ich es schon ergriffen habe oder
schon vollendet bin; ich jage ihm aber nach, ob ich
es auch ergreifen möge, weil ich auch von Christus
Jesus ergriffen bin. Brüder, ich denke von mir
selbst nicht, es ergriffen zu haben; eines aber tue
ich: Ich vergesse, was dahinten, strecke mich aber
aus nach dem, was vorn ist, und jage auf das Ziel
zu, hin zu dem Kampfpreis der Berufung Gottes
nach oben in Christus Jesus.
Philipper 3, 10-14

Dein Leben darf nicht statisch sein; du musst in Bewegung
bleiben auf jenes höhere Ziel hin, den **Kampfpreis der Berufung Gottes nach oben in Christus Jesus**.

Und darüber kamen seine Jünger und wunderten
sich, dass er mit einer Frau redete. Dennoch sagte
niemand: Was suchst du? Oder: Was redest du mit

ihr? Die Frau nun ließ ihren Wasserkrug stehen und ging weg in die Stadt und sagt zu den Leuten: Kommt, seht einen Menschen, der mir alles gesagt hat, was ich getan habe! Dieser ist doch nicht etwa der Christus? Sie gingen zu der Stadt hinaus und kamen zu ihm. In der Zwischenzeit baten ihn die Jünger und sprachen: Rabbi, iss! Er aber sprach zu ihnen: Ich habe eine Speise zu essen, die ihr nicht kennt. Da sprachen die Jünger zueinander: Hat ihm wohl jemand zu essen gebracht? Jesus spricht zu ihnen: Meine Speise ist, dass ich den Willen dessen tue, der mich gesandt hat, und sein Werk vollbringe. Sagt ihr nicht: Es sind noch vier Monate, und die Ernte kommt? Siehe, ich sage euch: Hebt eure Augen auf und schaut die Felder an! Denn sie sind schon weiß zur Ernte.
Johannes 4, 27-35

Hier geht es um Hingabe. Um dich hinzugeben, musst du ein tieferes Verständnis haben, was Hingabe bedeutet.

Jesus spricht zu ihnen: Meine Speise ist, dass ich den Willen dessen tue, der mich gesandt hat, und sein Werk vollbringe.
Johannes 4, 34

Deine Berufung besteht darin, sein Werk zu vollbringen. Den Willen dessen zu tun, der ihn gesandt hatte, war im Leben Jesu eine ununterbrochene Notwendigkeit. Du empfindest die tägliche Notwendigkeit, etwas zu essen, aber besitzt du auch diese Speise, von der Jesus hier spricht? Er besaß sie. Hast du sie? Jesus war ein Mensch mit einem einzigen Ziel, einer einzigen Berufung. Er war ein Mensch, der einem einzigen Kampfpreis nachjagte, nämlich zur Ehre Gottes jede Aufgabe zu erfüllen, die ihm gegeben wurde, dem Vater in allem wohlgefällig zu sein. Das war für Jesus das Wichtigste. Daher war bei dieser Begegnung physische Speise für ihn nicht sonderlich wichtig. Für ihn galt: Wenn das Essen seiner Aufgabe im Wege stand, dann war er gewillt, darauf zu verzichten. Das bedeutet: Wenn menschliche Bedürfnisse ihn davon abgehalten hätten, erfolgreich zu sein, dann hätte er auf sie verzichtet.

Kein Hindernis kann einen Menschen aufhalten, der einer einzigen Berufung, einem einzigen Ziel hingegeben ist. Die Arbeit, die du zu einem beliebigen Zeitpunkt deines Lebens verrichtest, ist lediglich ein Mittel, um das Ziel zu erreichen. Sie ist nicht selbst das Ziel, sie ist nicht die Berufung an und für sich. Deine Arbeit ist nicht das Ziel deiner Bestimmung, sondern nur ein Schritt auf dem Weg, der dich dem höheren Kampfpreis näher bringt.

Warum hatte Jesus solch enormen Erfolg? Er war ein Mann mit Zielen, ein Mann mit einer einzigen Berufung, einem einzigen Lebenszweck. Er war völlig hingegeben. Die Siegel deines Erfolges sind deine Treue und die Hingabe deines Herzens.

Dein Leben darf nicht statisch sein; du musst in
Bewegung bleiben auf jenes höhere Ziel hin.
Kein Hindernis kann einen Menschen aufhalten, der einer
einzigen Berufung, einem einzigen Ziel hingegeben ist.

Wird ein wirklich christlicher Mann, der eine christliche Ehefrau hat, erwarten, dass seine Frau ihm hingegeben ist? Bestimmt. Und wird seine Frau nicht ebenfalls wollen, dass er nur ihr hingegeben ist? Du würdest es sicher nicht erlauben, dass die Person, die durch die Ehe dir gehört, gleichzeitig jemand anderem gehört. Du würdest wollen, dass dein Ehepartner dir hingegeben ist, genau, wie dein Partner völlige Hingabe von dir erwartet.

Auf die gleiche Weise muss ein Mensch, den Gott gebrauchen wird, sein Leben einem einzigen Ziel widmen und sich diesem völlig hingeben. Genau so, wie Ehemann und Ehefrau einander hingegeben sind.

Ein Knecht des Herrn aber soll nicht streiten, sondern gegen alle milde sein, lehrfähig, duldsam ...
2. Timotheus 2, 24

Ein Knecht gehört seinem Herrn und ist ihm völlig ausgeliefert. Er hat nichts Eigenes, er kennt nur ein Schicksal und einen Lebensinhalt: Seinem Herrn zu dienen. Unser Herr ist Jesus Christus. Wir sind Diener des Herrn, Diener Gottes. Doch bevor du ein Diener des Herrn werden kannst, musst du den Preis bezahlen: dich völlig dem Herrn hingeben, alles andere vergessen.

Niemand, der Kriegsdienste leistet, verwickelt sich in die Beschäftigungen des Lebens, damit er dem gefalle, der ihn angeworben hat.
2. Timotheus 2, 4

Warum verwickelt sich ein Soldat nicht in die Beschäftigungen des Lebens? Weil er einen Eid geleistet hat, einen Treueschwur. Wenn du dem Herrn wohlgefällig sein willst, kannst du dich nicht in die Angelegenheiten des Lebens verstricken, weil die Beschäftigungen des Lebens dich in der geistlichen Welt fesseln würden. Darum wird ein Mensch, der den Zielen Gottes nicht völlig hingegeben ist, nicht erfolgreich sein. Die Besorgungen des Alltages werden ihn ablenken. Er wird nicht vorankommen können, es wird immer etwas da sein, was ihn aufhält. Aus diesem Grund erlaubt es sich kein Soldat, von den Alltagsverrichtungen gebunden zu sein, denn er will seinem Vorgesetzten wohlgefallen. Du darfst es nicht zulassen, dass dich irgendetwas fesselt. Wenn du das zuließest, wärest du deinem Herrn nicht wohlgefällig.

Wenn aber auch jemand am Wettkampf teilnimmt, so erhält er nicht den Siegeskranz, er habe denn gesetzmäßig gekämpft.
2. Timotheus 2, 5

Wir haben diesbezüglich keine Wahl. Es gibt nur einen Weg zum Erfolg. Der Mensch, den Gott gebrauchen wird, muss einem Lebenszweck, einer Berufung und einem Schicksal treu sein.

Welch eine Freude liegt darin, dass wir Ermutigung und Rat vom Vater empfangen, dass wir offen mit ihm reden können, ihm unsere Zweifel mitteilen und seine Antworten auf unsere Fragen empfangen dürfen. Du musst nur zuerst in dein eigenes Herz blicken und dich fragen, ob du vollständig Gott hingegeben bist. Bist du darauf vorbereitet, völlig seiner Berufung ausgeliefert zu sein, um den höheren Kampfpreis zu gewinnen? Wenn du bereit bist, dein Herz darauf vorzubereiten, dann wird der Eine, der in das Verborgene blickt, dir bei den notwendigen Veränderungen helfen. Er wird dich in deinem Dienst emporheben und dir Erfolg und Sieg schenken.

Die Bibel sagt: **Vier sind die Kleinen der Erde, und doch sind sie wohlerfahrene Weise.** Wir sind alle klein, verglichen mit diesem Planeten! Aber wenn wir Glauben haben, wenn wir reine Motive haben, wenn wir unsere Herzen vorbereiten, um dem höheren Kampfpreis nachzujagen, wird der große und allmächtige Schöpfer sicher jedem von uns alle Weisheit schenken, die wir jemals brauchen könnten.

Schätze für die Seele

1. Wenn du weißt, dass Gott dir bald einen bestimmten Dienst anvertrauen wird, dann ist es wichtig, dass du vorausschaust auf das, was in der Zukunft vor dir liegen könnte, damit du erkennst, wie du dich darauf vorbereiten kannst.
2. Du musst wissen, was Gott in dem Dienst, zu dem er dich berufen hat, von dir erwartet.
3. Dass Jesus in dir lebt, unterscheidet dich von allen anderen Menschen.
4. Probleme, Hindernisse und Schwierigkeiten sind an und für sich kein ausreichender Grund, dass ein Mensch eine Niederlage erleben müsste. Es ist möglich, jedes Hindernis zu überwinden.
5. Organisiere dein Leben so, wie Gott es möchte. Wenn du betest, bitte Gott um Rat bezüglich deiner Anliegen, dann erhältst du die weisesten Antworten direkt vom Himmel.
6. Wenn du in den Dienst im Reich Gottes eingesetzt wirst, bringe den dir anvertrauten Menschen bei, unabhängig zu denken, ohne sich auf deine Anweisungen zu verlassen. Sei kein Leiter, der versucht, Macht über seine Leute auszuüben. Enge deine Gemeinde nicht ein, sondern achte auf ein kreatives Umfeld, in dem Menschen die Initiative ergreifen können.
7. Dein Leben darf keinen Stillstand haben, du musst dich auf den höheren Kampfpreis zu bewegen. Kein Hindernis kann einen Menschen aufhalten, der einer einzigen Berufung, einem einzigen Ziel hingegeben ist.

Kapitel 2 – Persönliche Heiligung durch die Heiligkeit Jesu Christi

Entscheide dich für ein reines, heiliges und gottesfürchtiges Leben; sei entschlossen, andere Menschen zu ehren, zu lieben und wertzuschätzen; ein Leben zu führen, das den Menschen Christus offenbart.

Der Mensch, den Gott gebrauchen wird, muss vorbereitet sein. Er muss absolut einem einzigen Ziel seines Lebens hingegeben sein. Das heißt nicht nur, sich Gott zu weihen. Es gibt viele Menschen, die sich Gott hingeben, aber Gott gebraucht sie nicht. Man muss auch einer großen Mission, einem großen Ziel und einem großen Lebenssinn hingegeben sein.

Wenn du weißt, dass Gott dich dazu berufen hat, Menschen zu erretten, dann solltest du dir auch bewusst sein, dass dies die höchste und größte Berufung ist. Und du solltest bereit sein, alles zu tun, um die Berufung erfüllt zu sehen, deine gesamte Energie und Kraft diesem einen Lebenszweck, diesem einen Ziel, dieser dir anvertrauten Mission widmen. Du solltest wissen, dass du nur dafür lebst. Alles andere ist zweitrangig.

Es ist notwendig, dass du bereit bist, jeden Preis zu bezahlen, um dein Ziel zu erreichen. Keine Frucht zu sehen, keinen Erfolg zu haben ist für dich nicht akzeptabel, egal aus welchen Gründen, denn du bist bereit, jeden Preis zu bezahlen, um erfolgreich zu sein. Gott sieht nicht die Person an. Wenn du den gleichen Preis bezahlst, den der Apostel Paulus bezahlt hat, wirst du sein wie er. Gott kann gar nicht anders als solche Menschen zu bemerken; der Himmel wird eine derartige Person niemals übersehen. Und auch die Hölle wird auf einen solchen Menschen aufmerksam, wird ihn hassen.

Der Mensch, den Gott gebrauchen wird, muss ein heiliges Leben führen. Nicht einfach irgendwie leben, sondern dazu entschlossen sein, eine heilige Lebensgestaltung zu verwirklichen. Vielleicht meinst du, schon eine Menge erreicht zu haben, aber wenn du nicht in der Heiligung lebst, wird der Teufel all deinen Erfolg zunichtemachen. Du kannst 24 Stunden am Tag beten, aber Sünde wird deine Gebete unwirksam machen. Es ist sehr wichtig, sich gleich von Anfang an für ein heiliges Leben zu entscheiden, weil auch schon geistliche Säuglinge angegriffen werden. Wenn der Grad deiner geistlichen Aktivitäten steigt, wird der Teufel dich mit all seiner Stärke unter Druck setzen, wird alles ihm Mögliche unternehmen, um deine Berufung zunichtezumachen. Das kann er jedoch nur durch Sünde in deinem Leben schaffen, denn Sünde öffnet Satan die Tür. Wenn er auch nur einen kleinen Spalt von Sünde findet, wird er das ausnutzen und dich überwältigen.

Der Mensch, den Gott gebrauchen wird,
muss ein heiliges Leben führen.

Wenn kleine Pflanzen umfallen, würdest du sie beispielsweise im Wald wohl nicht einmal bemerken, sondern über sie hinweg schreiten. Wenn du über Gras läufst, denkst du nicht über die Halme nach, weil sie so klein sind. Aber wenn eine große Eiche oder sonst ein gewaltiger Baum fällt, hörst du das Krachen selbst aus größerer Entfernung. Darum ist der Teufel daran interessiert, große Diener Gottes zu Fall zu bringen. Wenn sie stürzen, dann produziert das einen Skandal, der ganze Kirchen und das Leben vieler Christen zerstören kann.

Ein großer Baum fällt niemals allein. Er reißt andere Bäume in seiner Umgebung mit zu Boden. Der Teufel ist aus diesem Grund außerordentlich daran interessiert, große Menschen anzugreifen und zu zerstören, Menschen, die in der geistlichen Welt bedeutsam sind. Wenn sie fallen, hat das einen schlechten Einfluss auf Hunderte, wenn nicht Tausende andere Leben. Dies ist ein weiterer Grund, warum du unbedingt ein heiliges und aufrichtiges Leben führen musst. Unzucht, Ehebruch und Mord sind enorme Sünden. Es gibt auch die »kleinen« Sünden, Hass, Missgunst, Reizbarkeit und mangelnde Vergebungsbereitschaft, sie öffnen genauso die Tür deines Lebens für den Teufel.

Ich bin nicht beleidigt, wenn die Presse gegen meine Kirche und mich schreibt. Ich bin nicht wütend auf die Autoren von verzerrenden Artikeln voller falscher Anschuldigungen und Fehlanalysen. Ich liebe sie genau wie jeden anderen Menschen. Ich habe schon vor langer Zeit den Sieg über Verbitterung, Groll und missverstanden werden errungen. Andernfalls hätte der Teufel solche Dinge längst zu meiner Vernichtung benutzt.

Alle großen Sünden entwickeln sich aus kleinen Sünden. Darum ist es so entscheidend wichtig, eine feste Entscheidung für ein Leben der Heiligung zu treffen, alle Menschen zu lieben und Christus durch das Leben zu offenbaren. Solange du ein »Kleinkind« bist, bemerkt niemand deine Sünden. Aber wenn Gott anfängt, dich groß zu machen, werden all diese verborgenen Sünden sichtbar und der Teufel wird sie benutzen, um dich zurückzuziehen, dich auf der untersten Stufe der Leiter festzuhalten, dich völlig zu vernichten. Dies ist eine große Gefahr.

Ein großer Baum fällt nie allein.

Blicke auf Jesus und mache Heiligung zu deinem Ziel. Wenn Gott dich berufen hat, dann glaubt er, dass du erfolgreich sein wirst. Gott ist daran interessiert, dass du ein Mensch bist, der Frucht hervorbringt.

> **Ihr habt nicht mich erwählt, sondern ich habe euch erwählt und euch dazu bestimmt, dass ihr hingeht und Frucht bringt und eure Frucht bleibe, damit, was ihr den Vater bitten werdet in meinem Namen, er euch gebe.**
> **Johannes 15, 16**

Wenn ich durch schwierige Zeiten gehe, wenn mir Versuchungen begegnen, dann nehme ich die Schrift zur Hand und lese: **Ihr habt nicht mich erwählt.** Es ist Gott, der uns erwählt hat, damit wir Frucht bringen. Du hast die Wahl, Ingenieur zu werden, Lehrer, Journalist oder irgendeinen anderen Beruf zu ergreifen. Aber wenn Gott dich beruft, weißt du noch nicht, welchen Dienst er für dich vorgesehen hat. Gott sucht dich aus! Er errettet dich, er wäscht dich rein durch das Blut Jesu Christi. Er erfüllt dich mit der Kraft des Heiligen Geistes, damit er dich für den Dienst vorbereiten kann. Darum sagt Gott: **Ihr habt nicht mich erwählt.** Nicht du hast Jesus Christus erwählt, er ist derjenige, der dich gefunden, berufen und erwählt hat.

Du hast die Wahl, Ingenieur zu werden, Lehrer, Journalist oder irgendeinen anderen Beruf zu ergreifen. Aber wenn Gott dich beruft, weißt du noch nicht, welchen Dienst er für dich vorgesehen hat.

Welche Vorstellungen du von dir selbst hast, was du meinst zu können oder nicht zu können, spielt keine Rolle. Unabhängig von deiner eigenen Einschätzung sagt Gott: **Ich erwähle dich und ich setze dich ein.**

Wenn mich Ungläubige und Menschen in der Regierung über die Presse angreifen, dann spricht Gott zu mir: »*Hör nicht auf sie. Ich bin derjenige, der dich berufen und eingesetzt hat, nicht diese Leute.*«

Wenn in deinem Leben Probleme auftauchen, wenn dir komplizierte Situationen begegnen, dann empfehle ich dir, dass du aus dem Wort Gottes Speise zu dir nimmst, denn dadurch wirst du in deiner Berufung bestätigt. Vor allem kannst du auf diese Weise dein Vertrauen auf denjenigen setzen, der dich berufen hat. Er spricht zu dir: »**Ihr habt nicht mich erwählt, sondern ich habe euch erwählt und euch dazu bestimmt ...**«. Wo du auch in einer problematischen Lage sein magst, denke daran, dass es kein Zufall ist. Die Situation ist von Gott für dich vorgesehen. Du erlebst ein wichtiges Detail deiner Berufung, eine einzigartige Situation in dem, was Gott für dein Leben geplant hat.

Du bist nicht von Menschen erwählt worden und du bist auch nicht aufgrund einer gewonnenen Wahl berufen. Du hast eine bessere Erwählung als die durch menschliche Abstimmung; du bist vom Himmel erwählt. Darum ist es ein solch gewaltiges Privileg, ein Diener Gottes zu sein. Du bist nicht nur irgendjemand, der auf der Erde lebt, nicht irgendjemand in einer beliebigen Menschenmenge; es ist etwas Himmlisches an und in dir. Du gehörst nicht zu dieser Erde, du gehörst zu Gott, der dich gefunden und für würdig erachtet hat, den Dienst auszuüben, in den er dich berufen hat.

Wenn du davon überzeugt bist, dass Gott dich erwählt hat, dann sollte dir bewusst sein, dass er dein Trost, dein Schutz und dein Unterstützer ist. Er hat dich erwählt, damit du ihm dienst und er hat dich in den Dienst eingesetzt, den du jetzt ausübst. Gott ermöglicht es dir, deinen Dienst mit geistlichen Augen zu betrachten. Er öffnet ein wenig den Vorhang, der die Zukunft verbirgt. Daher sehe ich mich nicht nur als Pastor einer Kirche mit mehreren Tausend Gläubigen. Ich sehe noch etwas Größeres, zu dem Gott mich berufen hat, ich sehe über die Umstände des heutigen Tages hinaus. Ich schaue und sehe, wozu er mich in der Zukunft berufen hat.

Gott hat den Ort, an dem du dich jetzt befindest, für dich bestimmt. Schätze ihn deshalb und betrachte ihn als Gewinn. Sei stark und voller Glauben, denn wenn Gott dich in kleinen Dingen treu findet, wird er dich in der geistlichen Welt höher platzieren und dir viel mehr anvertrauen.

Wenn mir der Wind ins Gesicht bläst, wenn ein Sturm sich zusammenbraut, dann fange ich nicht an, mir Sorgen zu machen, denn ich weiß ja, dass Gott mich erwählt und eingesetzt hat. Ich kann mit Zuversicht voranschreiten, denn ich weiß: Der Herr hat mich berufen. Preis sei Jesus! Er hat mich erwählt. Und er hat auch dich erwählt. Also sei zuversichtlich aufgrund der Tatsache, dass du von Gott erwählt und bestätigt bist. Warum hat er dich an den Ort gestellt, an dem du gerade bist? Damit du den Wunsch nach Weiterkommen verspürst, damit du voran schreiten kannst. Gott möchte, dass du vollkommen wirst. Er sieht in dir eine erfolgreiche Person. Gott erwartet, dass er in deinem Dienst neue Entwicklungen sehen wird.

Gott hat den Ort, an dem du dich jetzt befindest, für dich bestimmt. Sei stark und voller Glauben, denn wenn Gott dich in kleinen Dingen treu findet, wird er dich in der geistlichen Welt höher platzieren und dir viel mehr anvertrauen.

In Gott ist ständig Bewegung, in ihm ist Fortschritt. Sobald du, als geistlicher Mensch, aufhörst zu wachsen, stirbst du einfach. Gott sagt, dass er derjenige ist, der dich eingesetzt hat. Aber das bedeutet nicht, dass du lange an ein und derselben Stelle verharren solltest. Du musst weitergehen, vorwärtsschreiten. Gott hat dich ausgerüstet und ordiniert und dir befohlen, zu gehen. Das bedeutet Wachstum, immer mehr sichtbare Ergebnisse. Gottes Bewegung kennt nur eine Richtung: vorwärts. Schau dir dein heutiges Leben an, den Ort, an den er dich gestellt hat. Bist du in Bewegung? Wenn ja, in welche Richtung? Gott hat dich dazu ordiniert, voranzugehen.

Wenn du ein gutes Gemeindemitglied bist, musst du andere mitbringen, die Jesus noch nicht kennen. Du musst also hinausgehen zu den Verlorenen und sie erretten. Wenn du einen geistlichen Dienst leitest, solltest du nicht ständig und immer wieder das Gleiche tun. Du solltest andere lehren und an dir selbst arbeiten. Dein Dienst wächst als Resultat deiner Hingabe, deiner Treue und durch dein ständiges Verlangen, voranzukommen. In Gott voranzukommen, Fortschritt in Gott zu erreichen, heißt geistlich wachsen – das will Gott von dir. Gott ist an Menschen, die ineffektiv arbeiten, ohne Resultate bleiben, nicht interessiert. Gott will nicht, dass du ständig gehst, gehst, gehst; arbeitest, arbeitest, arbeitest – und am Ende ohne Frucht dastehst. Sicher, er will, dass du gehst. Aber nicht, um ziellos herumzuwandern und die kostbare Zeit und Energie zu vergeuden, die er dir geschenkt hat. Gott will, dass du hinausgehst und Frucht bringst.

Sobald du, als geistlicher Mensch, aufhörst zu wachsen, stirbst du einfach. Dein Dienst wächst als Resultat deiner Hingabe, deiner Treue und durch dein ständiges Verlangen, voranzukommen.

Wenn in meinem Dienst nichts passiert, dann suche ich in mir selbst nach dem Grund für den Stillstand. So kann ich erkennen, wie man die Dinge wieder in Bewegung bringt, denn das ist Gottes Wille. Es geht ihm darum, dass wir sichtbare Ergebnisse hervorbringen. Gott ist ein Gott der Fruchtbarkeit. Gott ist ein Gott der sichtbaren Ergebnisse.

Gott ist ein Gott der Vervielfältigung und der Fortpflanzung. Gott sagte:»Seid fruchtbar und mehrt euch.« Er ist immer an Frucht interessiert; er ist immer an Resultaten interessiert. Gott ist pragmatisch. Weißt du, was pragmatisch bedeutet? Es bedeutet, das Augenmerk auf Resultate, auf Frucht zu richten. Das ist Pragmatismus.

Wenn etwas keinen Nutzen bringt, dann ist es nicht wert, sich damit abzugeben. Wenn ein geistlicher Dienst keine Frucht hervorbringt, dann ist es sinnlos, dass du Zeit und Energie darauf verschwendest, denn Zeit bedeutet dein Leben. Wenn deine Arbeit nur negative Ergebnisse bringt, schau dir dein Leben noch einmal an. Denke ab sofort über den Dienst nach, den du einmal haben wirst, damit er dann fruchtbar sein kann. Und wenn du bereits im Dienst Gottes stehst, dann überlege, wie du ihn effektiver machen und mehr Ergebnisse erreichen kannst. Du solltest jederzeit eine überfließende Ernte aus deinem Dienst zu Gott bringen können.

Schau dir die Dynamik der Reihenfolge an, die Jesus uns gibt: Geh hinaus, bringe Frucht und deine Frucht soll dauerhaft sein. Gott will nicht nur die Frucht dieses Tages sehen, sondern die Resultate deiner Zukunft. Deine Ergebnisse müssen ständig wachsen. Warum bilden wir denn Leiter und Pastoren aus? Wir glauben, dass unsere Frucht und unsere Arbeit nicht vergeblich sein werden. Wenn ich morgen nicht mehr hier bin, dann kannst du das Werk fortführen, das Jesus Christus in mir begonnen hat. Das ist es, was Gott will. Er möchte nicht, dass eine Gemeinde auseinanderfällt, bloß weil der Pastor nicht mehr da ist. Er will, dass meine Frucht dauerhaft ist. Und damit das möglich wird, muss die Frucht ihre eigenen Wurzeln entwickeln, diese Frucht muss ausgebildet werden, damit sie selbst fruchtbar werden und zu ihrer Zeit eigene Frucht hervorbringen kann. So entwickelt sich neuer Same, der dann wieder zur Saat verwendet wird.

Aus diesem Grund wollen wir neue Leiter und Pastoren heranziehen und ausbilden. Ich will, dass du Gottes Wege einschlägst und anfängst das zu tun, was ich hier tue. Es ist mir gleichgültig, ob ich eine große oder eine kleine Kirche habe. Mein Ziel ist nicht die Kirche. Mein Ziel ist es, dass jeder, der in meine Gemeinde kommt, früher oder später ein Diener Jesu wird, verwandelt wird von einem Weichling zu einem Soldaten Christi, von einer zaghaften Persönlichkeit zu jemandem, der in der Lage ist, anderen beim Lösen ihrer Probleme zu helfen. Daher hoffe ich, dass jeder von euch irgendwann, wenn die Zeit gekommen ist, eigene Gemeinden und Kirchen in vielen Ländern der Welt gründen wird. Ihr werdet Menschen sein, die ihr Leben Jesus Christus weihen. Ihr werdet Menschen sein, die vergessen, was hinter ihnen liegt und sich darum mühen, ein Ziel zu erreichen, die alles aufwenden, um dort anzukommen.

Als Gott mich berief, sagte ich zu ihm: »Jesus, ich habe dir alles, was du mir genannt hast, übergeben. Aber um eines bitte ich dich: Lass mich nicht einfach nur einer von vielen Pastoren sein, einer von vielen Gottesdienern. Ich will ein bedeutender Pastor sein. Ich weiß, dass es auf dieser Welt viele Diener Gottes gibt, von denen nur wenige die Welt verändern können. Ich will zu den Weltveränderern gehören.«

Triff auch du eine solche Entscheidung, möge das zu deinem Ziel werden. Wenn du mit diesem Ziel im Blick lebst, dann wird dein Leben bei Gott hoch angesehen sein. Eine derartige völlige Hingabe ist die erste Voraussetzung, damit Gott dich wirklich gebrauchen kann.

Als Zweites brauchst du Aufrichtigkeit und Heiligung. Wenn du kein heiliges Leben führst, dann garantiere ich dir Scheitern und Niederlage. Heiligung heißt nicht nur, dass es keine Unzucht, keinen Ehebruch gibt. Es bedeutet, dass du heilig bist in deinen Beziehungen zu anderen Menschen, wie du mit ihnen redest, wie du deine Liebe zu Gott und zu den Menschen demonstrierst; Heiligung umschließt dein gesamtes persönliches Leben. Du solltest dich vor nichts fürchten, außer vor der Sünde. Wenn du ein Diener Gottes bist und erfolgreich sein willst, aber gleichzeitig mit Sünde und Ungerechtigkeit flirtest, dann unterschreibst du ganz einfach dein eigenes Todesurteil, nicht nur für deinen geistlichen Dienst, sondern auch für dein eigenes Leben. Am Anfang wird Sünde im Leben eines gesalbten Menschen, der von Gott berufen ist, normalerweise nicht offenbar. Aber eines Tages wird die Sünde seine Augen verschlingen, so wie es bei Simson war. Die Bibel sagt, dass solche Menschen plötzlich vernichtet werden, und dass es dann keinen Ausweg mehr geben wird.

Ein Mann, der trotz Ermahnungen halsstarrig bleibt, wird plötzlich zerschmettert werden ohne

Heilung.
Sprüche 29, 1

Wenn du mit der Sünde flirtest, wird sie dich zerstören. Was du nicht mitsamt den Wurzeln ausreißen willst, wird dich ruinieren. Das, wogegen du nicht ankämpfen möchtest, wird dich umbringen. Der Teufel sucht nach deinen Schwachstellen, damit er dich zerstören kann. Wenn Menschen über dich Lügen verbreiten, bist du in Sicherheit und Gott wird dich beschützen. Aber wenn du mit einer Sünde lebst, dann werden dir nicht nur die Menschen, sondern auch die Dämonen keine Ruhe lassen. Selbst wenn kein Mensch von deiner Sünde weiß, werden der Teufel und einige seiner Dämonen dich erinnern und dir zuflüstern: »Weißt du, alle haben es schon erfahren – und du hast keinen Ausweg!«

Wenn ich es in meinem Herzen auf Götzendienst abgesehen hätte, so würde der Herr nicht hören.
Psalm 66, 18

Gebet ist der Schlüssel zum Erfolg bei jeder geistlichen Unternehmung. Wenn es dir leicht fällt, zu beten, dann bete ohne Unterlass. Aber wenn du in Sünde lebst, dann solltest du wissen, dass die Sünde all deine Gebete zunichtemacht, sie werden nichts bewirken.

Wenn ich es in meinem Herzen auf Götzendienst abgesehen hätte, so würde der Herr nicht hören.
Psalm 66, 18

Manchmal tust du etwas, ohne zu wissen, dass es Sünde ist. Manchmal bemerkst du nicht, dass du etwas Falsches machst. Aber sobald du in deinem Herzen Sünde bemerkst und dann nichts dagegen tust, wird Gott dich nicht erhören. Sünde und Ungerechtigkeit machen deine Gebete nutzlos, lähmen dein Gebetsleben. Du kannst sehr angestrengt beten, mit aller Kraft Fürbitte leisten, jedoch ohne Erfolg, denn niemand kann im Dienst Gottes groß sein, wenn er kein heiliges und reines Leben führt. Es kommt nicht auf deine Fähigkeiten an, es spielt keine Rolle, wie gut du organisieren kannst, ob du ein begabter Redner bist, deine Talente und Gaben sind unwichtig. Doch wenn du anderen nicht vergeben kannst, sie lieben und segnen, dann wirst du keinen Erfolg haben.

Was du nicht mitsamt den Wurzeln ausreißen willst, wird dich ruinieren. Das, wogegen du nicht ankämpfen möchtest, wird dich umbringen.

Manche Prediger haben die Salbung, aber sie wissen nicht, wie man in Liebe wandelt. Ihnen fehlt das Wichtigste, was Gott von jedem von uns verlangt: Sie haben keine Liebe. Und das ist Sünde. Keine Liebe im Herzen zu haben ist Ungerechtigkeit.

Wenn du ein Diener Gottes werden möchtest, prüfe dein Herz und bereite es rechtzeitig vor. Das wird dir helfen und der Teufel wird nichts in dir finden, woran er sich festhalten kann. Dann wird dir Gott helfen, vielerlei Wunder zu tun! Erfolg im geistlichen Dienst ist für Gott kein Problem. Wenn du wirklich hingegeben sein kannst, Opfer bringst und hart arbeitest, wird Gott dich bestimmt zum Erfolg führen. Aber wenn du in deinem Leben Ungerechtigkeit duldest, sind Gottes Hände gebunden.

Siehe, die Hand des HERRN ist nicht zu kurz, um zu retten, und sein Ohr nicht zu schwer, um zu hören; sondern eure Vergehen sind es, die eine Scheidung gemacht haben zwischen euch und eurem Gott, und eure Sünden haben sein Angesicht vor euch verhüllt, dass er nicht hört.

Jesaja 59, 1-2

Einige Diener Gottes beschweren sich, dass in ihren Gemeinden keine Menschen errettet werden. Die Bibel sagt jedoch, dass Gottes Hand nicht zu kurz ist, um zu retten. Er kann immer erretten, jederzeit. Sein Ohr ist nicht zu schwer, um zu hören. Gott hört jedes Gebet. Aber ist in deinem Leben alles in Ordnung? Hast du alles in deiner Macht stehende getan, damit Gott deine Gebete erhören kann? Sind deine Motive die richtigen? Ist dein Herz rein? Gottes Ohr ist nicht zu schwer, um zu hören. Aber deine Sünde wird ihn veranlassen, sein Ohr zu verschließen.

Bereinige dieses Problem jetzt sofort. Sünde und Ungerechtigkeit dürfen deinen Dienst nicht behindern. Gib dir selbst und Gott das Versprechen, nicht mehr zu sündigen.

Natürlich heißt das, selbst wenn du ein guter, aufrichtiger Mensch bist, nicht, dass du nie wieder sündigen wirst. Solange du im Fleisch lebst, wirst du unvollkommen sein. Es heißt auch nicht, dass du, solltest du plötzlich eine Sünde begehen, von Gott nicht mehr gehört wirst. Wir reden hier von Menschen, die fortwährend und bewusst in der Sünde verharren. Es geht um solche, die in der Sünde leben. Die Rede ist von Menschen, denen die Sünde Vergnügen bereitet, die nicht aufhören, zu sündigen und ihre Sünde ständig zu wiederholen.

Jeder, der in Sünde lebt, weiß ganz genau, dass er sündigt. Er braucht niemanden, der ihm das sagt. Der Heilige Geist wird ihn ständig von seiner Sünde überführen. Sünde unterbricht immer die Gemeinschaft von Gott und Mensch. Sie hindert dich in deiner Beziehung zu Gott. Aber wenn du eine richtige Beziehung zu Gott hast, und dennoch keine Antworten auf deine Gebete empfängst, dann sei nicht beunruhigt. Diene ihm treu weiter, sei gewissenhaft in den kleinen Dingen. Er wird dir zu seiner Zeit antworten.

Sünde ist etwas Bestimmtes, was einen Menschen daran hindert, in seinem Dienst effektiv zu sein. Wenn du in der Sünde verharrst, wirst du deine Autorität in der geistlichen Welt verlieren und der Teufel wird über dich lachen.

Und Josua sagte: Ach, Herr, HERR! Wozu hast du denn dieses Volk über den Jordan geführt, um uns doch in die Hand der Amoriter zu geben, damit sie uns vernichten? Hätten wir uns doch entschlossen, jenseits des Jordan zu bleiben! Bitte, Herr, was soll ich sagen, nachdem Israel seinen Feinden den Rücken gekehrt hat? Die Kanaaniter und alle Bewohner des Landes werden es hören! Und sie werden uns umzingeln und unsern Namen von der Erde ausrotten! Was wirst du dann für deinen großen Namen tun? Da sprach der HERR zu Josua: Steh auf! Warum liegst du denn auf deinem Angesicht? Israel hat sich versündigt, sie haben meinen Bund über-

treten, den ich ihnen geboten habe. Und sie
haben sogar von dem Gebannten genommen und
haben es gestohlen und haben es verheimlicht
und es zu ihren Geräten gelegt! Die Söhne Israel
werden vor ihren Feinden nicht mehr bestehen
können. Den Rücken werden sie ihren Feinden
zuwenden müssen, denn sie sind zum Bann geworden. Ich werde nicht mehr mit euch sein,
wenn ihr nicht das Gebannte aus eurer Mitte ausrottet. Steh auf, heilige das Volk und sprich:
Heiligt euch für morgen! Denn so spricht der
HERR, der Gott Israels: Gebanntes ist in deiner
Mitte, Israel. Du wirst vor deinen Feinden nicht
bestehen können, bis ihr das Gebannte aus eurer
Mitte weggetan habt.
Josua 7, 7-13

Josua ist ein Beispiel für einen erfolgreichen Diener Gottes,
ein Vorbild für die Art von Mensch, die Gott gebrauchen
wird. Josua hatte in seinem Dienst für Gott enormen Erfolg.
Josua war sehr hingegeben und treu, und er hatte von Gott
eine Verheißung empfangen: **Genauso wie ich mit Mose
gewesen bin, werde ich mit dir sein. Ich werde dich nicht
aufgeben und dich nicht verlassen. Jeden Ort, auf den
eure Fußsohle treten wird – euch habe ich ihn gegeben,
wie ich zu Mose geredet habe.** Jedoch: Selbst wenn du
eine solche Verheißung hast, aber in Sünde lebst, wirst du
keinen Erfolg haben. Es spielt keine Rolle, was Gott dir ver-
heißen hat, wie gewaltig die Prophetie ist, die er dir gegeben hat. Nichts davon wird dir von Nutzen sein, wenn
Sünde in deinem Leben verwurzelt ist.

Josua war erfolgreich, solange die Sünde aus dem Lager ausgeschlossen blieb. Doch sobald Sünde unter den Israeliten herrschte, blieben die Siege aus. Sie erlebten Niederlagen in ihren Schlachten, weil es unter dem Volk Sünde gab, die Josua nicht bemerkt hatte. Als Josua dann betete, sagte ihm Gott schlicht und einfach, dass er die Sünde entfernen sollte.

Und die Männer von Ai erschlugen von ihnen etwa 36 Mann und jagten ihnen nach vom Tor bis nach Schebarim und schlugen sie am Abhang. Da zerschmolz das Herz des Volkes und wurde zu Wasser. Und Josua zerriss seine Kleider und fiel auf sein Angesicht zur Erde, vor der Lade des HERRN, bis zum Abend, er und die Ältesten von Israel, und sie warfen Staub auf ihr Haupt. Und Josua sagte: Ach, Herr, HERR! Wozu hast du denn dieses Volk über den Jordan geführt, um uns doch in die Hand der Amoriter zu geben, damit sie uns vernichten? Hätten wir uns doch entschlossen, jenseits des Jordan zu bleiben! Bitte, Herr, was soll ich sagen, nachdem Israel seinen Feinden den Rücken gekehrt hat? Die Kanaaniter und alle Bewohner des Landes werden es hören! Und sie werden uns umzingeln und unsern Namen von der Erde ausrotten! Was wirst du dann für deinen großen Namen tun?
Da sprach der HERR zu Josua: Steh auf! Warum liegst du denn auf deinem Angesicht? Israel hat sich versündigt, sie haben meinen Bund übertreten, den ich ihnen geboten habe. Und sie

haben sogar von dem Gebannten genommen und haben es gestohlen und haben es verheimlicht und es zu ihren Geräten gelegt! Die Söhne Israel werden vor ihren Feinden nicht mehr bestehen können. Den Rücken werden sie ihren Feinden zuwenden müssen, denn sie sind zum Bann geworden. Ich werde nicht mehr mit euch sein, wenn ihr nicht das Gebannte aus eurer Mitte ausrottet. Steh auf, heilige das Volk und sprich: Heiligt euch für morgen! Denn so spricht der HERR, der Gott Israels: Gebanntes ist in deiner Mitte, Israel. Du wirst vor deinen Feinden nicht bestehen können, bis ihr das Gebannte aus eurer Mitte weggetan habt.

Josua 7, 5-13

Gott erklärte, dass er nicht beim Volk Israel sein konnte, weil es ungehorsam war, weil es – mit anderen Worten – gesündigt hatte.

Sünde trennt dich immer von der Gemeinschaft mit Gott. Wenn du also in deinem Dienst und deinem Leben seine Gegenwart nicht spürst, dann ist es sinnlos, irgendetwas für Gott tun zu wollen. Der Versuch, das Werk Gottes ohne ihn zu tun, ist fürchterlich schwierig und gefährlich. Das ist geistlicher Selbstmord. Mose sagte zu Gott:»Wenn du nicht mit uns gehst, werde ich auch nicht gehen.« Du kannst Gott nicht ohne Gott dienen. Sünde trennt dich von der Gemeinschaft mit ihm. Du wirst nicht vor deinen Feinden bestehen können, wenn Sünde in deinem Leben ist, du wirst eine Niederlage nach der anderen erleben. Der

Teufel wird dich verhöhnen, auch in deinem persönlichen Leben, obwohl du in der Vergangenheit einmal den Sieg über ihn hattest. Es werden Probleme in deiner Familie und in deinem Dienst auftreten.

Sei entschlossen, ein reines, heiliges und gottgefälliges Leben zu führen; entscheide dich, andere Menschen zu ehren, zu lieben und wertzuschätzen; ein Leben zu führen, das anderen Menschen Christus offenbart. Gott kann Sünde nicht ausstehen. Triff die Entscheidung, Gott über alles andere zu ehren. Das nennt man Heiligung.

Wenn Gott dich in den Dienst an der Gemeinde berufen hat, dann tu alles, was du kannst, um die Sünde aus der Gemeinschaft zu entfernen, damit es im Lager keine Sünde gibt. Du brauchst dabei kein Wächter oder Zuchtmeister sein, der die Gemeinde Gottes mit Argwohn beaufsichtigt. Der Heilige Geist wacht über die Gemeinde Gottes. Es geht nicht darum, dass du mit dem Stecken in der Hand als Hirte versuchst, die Sünde fernzuhalten. Das kannst du aus deiner Kraft gar nicht tun, denn wenn du das versuchst, dann zerstreust du die Menschen in alle Winde. Verkünde die Wahrheit, predige das Wort Gottes und toleriere keine Sünde.

Zuerst musst du sicherstellen, dass dein eigenes Leben in Ordnung ist, dass du in Gerechtigkeit lebst. Und zweitens: Verkündige ständig das Wort Gottes. Versuche nicht, mit weltlichen Methoden oder menschlicher Kraft Sünde zu verhindern. Gebrauche nie die Methoden Satans beim Kampf gegen Satan. Zorn und Wutausbrüche sind keine göttlichen Qualitäten, sie sind teuflisch. Wenn in deiner

Gemeinde oder Kirche Zorn, Wut und Vergeltung Raum finden, werden die Leute fortgehen, sie werden deprimiert und entmutigt und es wird keine Freude in der Gemeinde Gottes geben. Daher verwende keine fleischlichen Methoden beim Kampf gegen die Sünde. Was immer du tust, kämpfe nicht selbst gegen die Sünde, sondern lass das Wort Gottes diese Aufgabe für dich übernehmen. Lass Gott deinen Dienst hochheben und dich zum Erfolg und Sieg leiten.

Versuche nicht, mit weltlichen Methoden oder menschlicher Kraft Sünde zu verhindern.

Manche Prediger sprechen nie über die Sünde. Sie finden das nicht angemessen. Sie predigen nur über Wohlergehen, Glauben und die Verheißungen Gottes; eine Predigt über Sünde halten sie für einen negativen Beitrag. Statt dessen wollen sie den Geist der Menschen erheben. Doch die Bibel sagt, dass du immer das Wort Gottes verkündigen und die Wahrheit predigen sollst.

Als Josua anfing, das Wort Gottes zu predigen, kam es ans Licht, dass ein Mann namens Achan etwas Verbotenes im Lager versteckt hatte. Er wurde von Gott gerichtet und starb einen unnötig frühen Tod. So etwas wollen wir in der Gemeinde nicht erleben. Wenn also jemand in Sünde lebt, dann gehen wir zu ihm und belehren ihn in Liebe. Durch die Gnade Gottes können wir nach einem Sturz wieder aufstehen, durch die Gnade Gottes können wir stehen bleiben und unser Leben erhalten. Wir kennen unsere Schwächen und wir sind alle anfällig für Sünde. Daher ist es sehr notwendig, andere in Liebe zu ermahnen und zu belehren.

Als Diener Gottes müssen wir zu allererst unser eigenes Leben bewachen. Ein Prediger mag kein brillanter Redner sein, aber wenn er ein reines, gottgefälliges Leben führt, wird er auch ohne herausragende Talente in seinem Dienst erfolgreich sein. Er wird für alle zum Vorbild werden. Er hat das Leben Gottes, er hat reine Lippen, Gottesfurcht und Gottes Gnade in sich. Er hat eine Zukunft! Jemand mag alle Gaben des Heiligen Geistes haben, wenn er jedoch ein sündiges Leben führt, wird Gott zu ihm sagen:

Viele werden an jenem Tage zu mir sagen: Herr, Herr! Haben wir nicht durch deinen Namen geweissagt und durch deinen Namen Dämonen ausgetrieben und durch deinen Namen viele Wunderwerke getan? Und dann werde ich ihnen bekennen: Ich habe euch niemals gekannt. Weicht von mir, ihr Übeltäter!
Matthäus 7, 22-23

Dein Leben »hinter den Kulissen« muss mit deinem öffentlichen Leben übereinstimmen. Was du predigst, muss sich mit deiner Lebensführung decken. Das heißt natürlich nicht, dass du nicht über die Ehe predigen darfst, wenn du nicht verheiratet bist. Wenn in deiner Versammlung Ehepaare sind, dann predige über die Ehe, weil das Wort Gottes über das Thema spricht. Lass den Heiligen Geist die Themen aussuchen, die du in deinen Predigten aufgreifst. Auch wenn du in deinem Leben eine bestimmte Ebene noch nicht erreicht hast, heißt das nicht, dass du nicht über das Thema sprechen darfst. Sprich trotzdem darüber, denn dann lernst du durch deine eigene Lehre etwas dazu. Wenn du über Dinge sprichst, bei denen du selbst noch nicht perfekt bist, dann betrachte das so, dass Gott dadurch auch erneut zu dir redet. Du lehrst die Menschen einmal, aber Gott lehrt dich zweimal: beim Vorbereiten der Predigt und dann erneut, wenn du sie für die Gemeinde hältst. Gott erwartet von dir, dass du selbst lernst, während du andere lehrst.

> **Viele werden an jenem Tage zu mir sagen: Herr, Herr! Haben wir nicht durch deinen Namen geweissagt und durch deinen Namen Dämonen ausgetrieben und durch deinen Namen viele Wunderwerke getan? Und dann werde ich ihnen bekennen: Ich habe euch niemals gekannt. Weicht von mir, ihr Übeltäter!**
> **Matthäus 7, 22-23**

Manche Menschen glauben, dass man einmal errettet wird und dann für ewig errettet bleibt, daher kann man ruhig ab und zu sündigen. Sie trösten sich selbst mit dem Gedanken *ist ja nicht so schlimm, passiert ja nur ab und zu.* Anders ausgedrückt: Du hast gesündigt, aber das macht ja nichts, du bist ja schon ein für alle Mal errettet. Vielleicht bekommst du nicht den besten Platz im Himmel, wenn du immer noch sündigst; aber du bist ja trotzdem errettet und kommst in den Himmel. Das ist ein falsches Verständnis. Zu Menschen, die in seinem Namen weissagten, die Heilungen vollbrachten und Dämonen austrieben, hat Jesus gesagt: **Ich habe euch niemals gekannt. Weicht von mir, ihr Übeltäter!** Wenn hier steht *ich habe euch nie gekannt,* dann heißt das, dass diese Menschen nie errettet waren.

Dein Leben »hinter den Kulissen« muss mit deinem öffentlichen Leben übereinstimmen. Was du predigst, muss sich mit deiner Lebensführung decken.

Jesus ist sehr kategorisch:»Ihr wart mir nicht nahe, ihr habt nicht getan, was ich gesagt habe, ihr habt nicht so gelebt, wie ich gelebt habe. Die Menschen, die ich kenne und die mich kennen, leben anders. Sie praktizieren, was sie reden.« Der Brief an die Hebräer sagt uns im Kapitel 12 Vers 14, dass ohne Heiligung niemand den Herrn sehen wird. Lasst uns daher mit Paulus übereinstimmend sagen: **ich zerschlage meinen Leib und knechte ihn, damit ich nicht, nachdem ich anderen gepredigt, selbst verwerflich werde.** (1. Korinther 9, 27)

Doch wie kann ein Mensch von der Sünde befreit sein, wie kann er im Sieg über die Sünde leben, da wir doch alle ständig auf diesem Gebiet angegriffen werden? Wenn du ein gesalbter Diener Gottes bist, dann kann ich dir garantieren, dass du ständig unter Angriffen leiden wirst. Du wirst dauernd versucht werden, in Ungerechtigkeit zu leben oder ein leeres, wertloses Leben zu führen. Deine Entscheidung für ein heiliges Leben ist in sich noch keine Garantie dafür, dass die Realität deinem Vorsatz entsprechen wird.

Wenn du die Entscheidung triffst, nicht zu sündigen, werden die Versuchungen wie ein Regenschauer auf dich herabprasseln. Jemand wird dich ärgern, jemand wird dir auf den Fuß treten, jemand wird dich wütend machen, damit du deine Beherrschung verlierst. Du wirst jeder Versuchung ausgesetzt sein, die jemals existiert hat. Aber wie wunderschön ist es in dieser Situation, wenn du der Versuchung nicht erliegst! Der Sieg besteht darin, angesichts der Versuchung nicht nachzugeben, sondern die Schlacht zu gewinnen.

Ich will dir als Diener Gottes einen Schlüssel anvertrauen, der dir dabei helfen wird, ständig zu siegen. Der Schlüssel half Jesus, und er hilft auch dir.

Du hast geliebt die Gerechtigkeit und gehasst die Ungerechtigkeit; darum hat dich, o Gott, dein Gott gesalbt mit Freudenöl wie keinen deinesgleichen.
Hebräer 1, 9 (Lutherübersetzung 1984)

Warum hat Gott Jesus wie keinen anderen gesalbt? Erstens, weil er die Gerechtigkeit geliebt hat und zweitens, weil der die Ungerechtigkeit gehasst hat.

Entwickle in dir ein Hassgefühl gegen die Sünde. Hass erzeugt in dir ein Gefühl der Abneigung, sodass du noch nicht einmal über die Sünde nachdenken möchtest. Die Menschen werden durch Freizügigkeit und Kompromisse zur Sünde verführt. Toleriere keine Sünde. Hasse sie! Der Hass auf die Sünde wird dich vor ihr bewahren!

Es kommt häufig vor, dass wir aufgrund der großen Liebe für den Sünder anfangen, seine Sünde zu lieben. Jesus war ein Vorbild der Liebe. In seinem Leben auf der Erde hasste er nur die Ungerechtigkeit. Nirgends steht geschrieben, dass er Satan gehasst hätte, aber sein Hass auf Sünde und Ungerechtigkeit war so stark, dass Gott dies bemerkte. Mit dem gleichen Feuereifer liebte Jesus die Gerechtigkeit, und sein Vater salbte ihn wie niemanden sonst. Darum wirst du von Freude erfüllt, wenn du ohne Sünde lebst, du hast gute Laune und findest das Leben interessant. Gott selbst gießt das Freudenöl auf dich aus.

Wenn wir andere erretten wollen, lasst uns zuerst uns selbst betrachten. Echte Heiligung und Reinheit, wie sie in Gott zu finden ist, ist eine Qualität, die Gott von dem Menschen erwartet, den er gebrauchen wird.

Bete und bitte Gott darum, dass er dir hilft, ein reines und gerechtes Leben zu führen, denn das wird seinen Namen verherrlichen und dich vor aller Sünde und Ungerechtigkeit bewahren. Hasse die Ungerechtigkeit und die Sünde und liebe die Gerechtigkeit in einem Maße, dass du für die Sünde unempfänglich wirst. Heiligung in deinen Worten, Heiligung in deinen Beziehungen mit anderen, Heiligung in der Lebensgestaltung, Heiligung in jedem Bereich deines Daseins – das sind die notwendigen Eigenschaften für jeden Diener Gottes. Der Teufel macht Jagd auf jeden, der ein Diener Gottes ist. Er hasst dich und sucht nach einem kleinen Anlass, um dich zu vernichten. Darum musst du jedem Angriff Satans, dich zu zerstören und zu töten, dich zu überwältigen und zur Sünde zu verführen, standhaft entgegentreten. Widerstehe ihm im Namen Jesu!

O Gott, lass uns zu Menschen werden, die nur einen Lebenszweck haben, die nur einer Berufung hingegeben sind, die Gerechtigkeit lieben und Ungerechtigkeit hassen, damit du uns vor unseresgleichen mit dem Freudenöl salben und uns gebrauchen kannst. Wir vertrauen dir, o Herr, wir wissen, dass wir mit dir im Namen Jesu Christi erfolgreich sein werden. Amen.

Schätze für die Seele

1. Sei entschlossen, ein reines, heiliges und gottgefälliges Leben zu führen. Entscheide dich, andere Menschen zu ehren, zu lieben und wertzuschätzen, mit deinem Leben Christus sichtbar zu machen.
2. Der Mensch, den Gott gebrauchen wird, muss ein heiliges Leben führen.
3. Ein großer Baum fällt nie allein.
4. Du hast die Wahl, Ingenieur zu werden, Lehrer, Journalist oder irgendeinen anderen Beruf zu ergreifen. Aber wenn Gott dich beruft, weißt du noch nicht, welchen Dienst er für dich vorgesehen hat.
5. Gott hat den Ort, an dem du dich jetzt befindest, für dich vorgesehen. Schätze ihn deshalb und betrachte ihn als Gewinn. Sei stark und voller Glaube, denn wenn Gott dich in kleinen Dingen treu findet, wird er dich in der geistlichen Welt höher platzieren und dir viel mehr anvertrauen.
6. Sobald du, als geistlicher Mensch, aufhörst zu wachsen, stirbst du einfach. Gott sagt, dass er derjenige ist, der dich eingesetzt hat. Aber das bedeutet nicht, dass du lange an ein und derselben Stelle verharren solltest. Du musst weitergehen, vorwärtsschreiten.
7. Was du nicht mitsamt den Wurzeln ausreißen willst, wird dich ruinieren. Das, wogegen du nicht ankämpfen möchtest, wird dich umbringen.
8. Versuche nicht, mit weltlichen Methoden oder menschlicher Kraft Sünde zu verhindern.
9. Dein Leben »hinter den Kulissen« muss mit deinem öffentlichen Leben übereinstimmen. Was du predigst, muss sich mit deiner Lebensführung decken.

Kapitel 3 – Gebet: der Schlüssel zum Strahlen der Herrlichkeit Gottes

Salbung kommt nicht ohne Gebet. Je näher du Jesus im Gebet kommst, im Wort, in der Gemeinschaft mit ihm, desto mehr werden sein Charakter, seine Salbung und seine Fähigkeiten in dir manifestiert.

Der Mensch, den Gott gebrauchen wird, muss einer heiligen Lebensführung vollkommen hingegeben sein. Doch es gibt noch eine weitere Qualität, die er haben muss: er muss das Geheimnis des siegreichen und erfolgreichen Gebetes kennen. Sein Gebetsleben muss stark sein.

Du musst zu einem Menschen werden, der am Gebet Vergnügen hat, der die »Süße« des Gebetes genießt. Ein solcher Mensch weiß, wie er den »Honig« des Gebetes in sich aufnehmen und sein Gebetsleben kräftiger machen kann, weil Gott hier auf dieser Erde nichts ohne Gebet tut.

Was immer du auch in deinem Leben empfängst, es kommt durch das Gebet zustande. Was Gott durch dich tun will, kann nicht ohne Gebet geschehen. Wenn du willst, dass Gott dich gebraucht, dass seine Kraft auf dir ruht, dann musst du den geheimen Ort Gottes kennen.

Wer im Schutz des Höchsten wohnt, bleibt im Schatten des Allmächtigen.
Psalm 91, 1

Du musst wissen, was es bedeutet, am »geheimen Ort« des Allmächtigen zu sein. Dieser Ort ist dein Gebetsleben. Der Allmächtige ist Gott. Unter seinem Schatten zu bleiben bedeutet, dass du in seiner Zuflucht wohnst, unter dem Schutz seiner Flügel bleibst. Dieses Bild erinnert an kleine Kücken, die bei Gefahr zur Henne laufen, um sich unter deren Flügeln zu verstecken. Wir sind für Gott wie diese kleinen Kücken und er bedeckt uns mit seinen »Federn«. Er ist unser Schutz, so wie für die Kücken die Henne Schutz bietet. Menschen haben genau wie Hühner Feinde, die auf Raub, Mord und Zerstörung aus sind. Schutz bieten die sicheren und starken Flügel Gottes.

Durch das Gebet ist es möglich, unter den Flügeln Gottes zu verweilen. Wenn zu jederzeit geschützt sein willst, musst du systematisch beten. Du brauchst ein regelmäßiges und kraftvolles Gebetsleben. Wenn das Gebetsleben eines Menschen schwach wird, dann hat er weniger Vollmacht in der geistlichen Welt. Lege eine Mindestdauer für dein Gebet fest und halte sie regelmäßig ein. Wenn deine Gebetszeit mindestens eine Stunde täglich beträgt, dann halte dich daran. Die Hauptsache ist, dass du nicht unter diese Stunde zurückfällst. Wenn du ein Mensch sein möchtest, den Gott mächtig gebraucht, dann wirst du nach und nach dein Gebetsleben weiter verstärken müssen. Gelegenheit zur Gemeinschaft mit Gott findest du überall, im Auto unterwegs, auf der Straße, bei der Arbeit oder zu Hause.

Der Apostel Paulus war Gott dankbar für die Gabe des Sprachengebetes. Er betete mehr in Zungen als irgendjemand sonst. Das kannst auch du tun, denn je mehr du betest, desto größer wird dein Einfluss in der geistlichen Welt.

Natürlich ist das Gebet nicht alles. Es gibt bestimmte Probleme, die nicht durch das Gebet beseitigt werden können. Manchmal brauchst du die Erfahrung anderer Menschen. Wenn du zum Beispiel wissen möchtest, wie dein Hauskreis erfolgreich werden kann, dann ist es notwendig, Bücher von Dr. Yonggi Cho oder anderen anerkannten Autoren zum Thema zu lesen. Du musst nicht etwas neu erfinden, was es schon gibt. Verschwende deine Zeit nicht mit der Lösung eines Problems, das bereits gelöst ist. Es gibt Probleme, die du nicht lösen kannst, ohne dir Fachwissen bezüglich der Angelegenheit anzueignen. Das bedeutet, dass du eine Menge lesen musst. Das Gebet jedoch ist das Fundament für jede geistliche Unternehmung.

Wenn du möchtest, dass Gott dich gebraucht, dann ist ein starkes Gebetsleben der erste Schritt. Du musst dem Gebet hingegeben sein, weil viele Dämonen gegen dich arbeiten. Auf deinem Weg wirst du viele Kämpfe zu bestehen haben, aber durch das Gebet wirst du siegen. Es gibt keinen Sieg ohne Gebet!

Wenn zu jederzeit geschützt sein willst, musst du systematisch beten. Wenn deine Gebetszeit mindestens eine Stunde täglich beträgt, dann halte dich daran. Die Hauptsache ist, dass du nicht unter diese Stunde zurückfällst.

Als junger Mann, zu Beginn meines Dienstes, versuchte ich, so viel wie möglich zu beten. Manchmal betete ich bis zu sechs Stunden am Tag. Ich nutzte jeden Moment aus, um tiefer ins Gebet zu kommen. Ich glaube, dass der Erfolg, den ich später in meinem Dienst hatte, auf diese Gebete zurückzuführen ist, die ich zu einer Zeit gebetet habe, als ich noch gar nicht wusste, warum ich so viel betete.

Durch deine Gebete kannst du eine Brücke zwischen der Gegenwart und deiner Zukunft bauen. Gebet formt dein Schicksal, deine Zukunft. Gebet kann dich über deine Mitmenschen erheben. Äußerlich wird dich nichts von ihnen unterscheiden, aber wenn du anfängst, zu reden, wird jeder bemerken, dass in dir etwas anders ist. Der Grund liegt in deinem Gebetsleben.

Wenn zwei Prediger die gleiche Botschaft predigen, können sie sehr unterschiedliche Reaktionen bei den Zuhörern auslösen: Bei dem einen Mann schlafen die Leute ein, bei dem anderen fällt das Feuer auf die Versammlung. Das liegt an der Salbung. Doch die Salbung kommt nicht ohne Gebet: Je näher du Jesus im Gebet kommst, im Wort, in der Gemeinschaft mit ihm, desto mehr werden sein Charakter, seine Salbung und seine Fähigkeiten in dir manifestiert.

Wenn Menschen davon erzählen, was der Herr in ihrem Leben getan hat, kannst du an ihren Worten das Maß der jeweiligen Salbung bemerken. Es mag sein, dass du einige Prüfungen in Bibelschulen und beim Studium abgelegt hast, aber ohne die Salbung wird all das, was du gelernt hast, bloßes Kopfwissen bleiben und dich arrogant machen. Wie alt du bist, spielt keine Rolle. Wenn du ein beständiges

Gebetsleben pflegst, werden die Menschen die Prägung Gottes auf deinem Leben erkennen.

Salbung ohne Kenntnis des Wortes Gottes nützt allerdings auch nichts. Doch ohne Gebet gibt es überhaupt keine Salbung. Es gibt Ebenen in der geistlichen Welt, die du ohne inbrünstiges Gebet nicht erreichen wirst.

Wenn ein Diener Gottes viel Zeit im anhaltenden, ernsthaften und intensiven Gebet verbringt, wird ein Wort von ihm genügen, um den Saal mit der Kraft aus der Höhe zu erfüllen. Ein Mensch, der das Geheimnis des Gebetes kennt, braucht nur »Halleluja« sagen, schon erkennen die Zuhörer, dass er anders ist als andere Menschen. Gebet bewirkt in dir eine übernatürliche Stärke, die du auf andere Weise nicht bekommen kannst. Du wirst mutig wie ein Löwe sein! Es ist wichtig, dass du alles über ernsthaftes Gebet weißt, was es zu wissen gibt, du musst es fortwährend praktizieren, du musst dürsten nach der Gemeinschaft mit Gott.

Viele Diener Gottes fangen ihren Dienst mit einem guten Gebetsleben an, aber wenn der Erfolg sich einstellt, hören sie auf, so zu beten wie zuvor, weil sie zu beschäftigt sind. Du musst begreifen, dass die Gefahr, das Gebetsleben zu vernachlässigen, immer stärker wird, je höher du steigst, je mehr du zu tun hast. Lass diesen Fehler nicht geschehen! Dein voller Terminkalender darf nicht die Samen des Gebetes ersticken. Lass dich nicht von sozialen, öffentlichen und menschlichen Verpflichtungen um dein Gebetsleben berauben. Die Gemeinschaft mit Gott muss deine oberste Priorität sein.

Gebet bewirkt in dir eine übernatürliche Stärke,
die du auf andere Weise nicht bekommen kannst.

Es gibt Menschen, die gar nicht wissen, was Gebet eigentlich ist, vor allem das Gebet in Sprachen. Sie glauben, dass sie die Taufe im Heiligen Geist erlebt haben, aber ihr Gebet ist so eine Art Zungenübung. Es steht in der Bibel geschrieben, dass diejenigen, die glauben, in neuen Zungen sprechen werden. Dein Sprachengebet sollte so klar sein, wie du mit deiner natürlichen Sprache redest. In dieser wunderbaren himmlischen Sprache solltest du Worte und Sätze sprechen, es gibt verschiedene Betonungen und Zeichensetzung. Wenn dir das fehlt und du keine Freude am Sprachengebet hast, dann heißt das ganz einfach, dass du noch nicht völlig mit dem Heiligen Geist getauft bist. Wenn man in Zungen redet, spricht man etwas Bestimmtes aus. Also solltest du in Sätzen reden, auf einem hohen geistlichen Niveau. Nur dann wirst du einen Durchbruch in der geistlichen Welt erleben. Sprich wie jemand, der Autorität besitzt, sprich als Erbe des himmlischen Königreiches.

Als ich die Taufe mit dem Heiligen Geist erlebte, redete ich wie ein geistliches Baby. Ich fragte den Herrn, warum ich keine der gewohnten Buchstaben und Silben hörte, wenn ich in Zungen betete. Und Gott antwortete mir, dass er meinen Mund nicht an meiner Stelle öffnen kann. Der Heilige Geist gibt dir lediglich die Worte, aber du selbst musst sie aussprechen.

Das echte Gebet, das Berge versetzen kann, ist das effektive ernstliche Gebet, das viel vermag und die ersehnten Resultate bringt.

Bekenne einer dem anderen seine Sünden und betet füreinander, dass ihr gesund werdet. Des Gerechten Gebet vermag viel, wenn es ernstlich ist.
Jakobus 5, 16 (Revidierte Lutherübersetzung)

Gott betont, dass nur das effektive, ernstliche Gebet viel vermag. Wenn dein Gebet etwas Ernsthaftes bewirken, in der geistlichen Welt etwas verändern soll, dann muss es ernstlich sein. Lerne, nicht einfach»nur so« zu beten. Wenn deine Gedanken irgendwo herumwandern, während du betest, dann solltest du das nicht für ernstliches Beten halten. Lerne es, mit ganzem Herzen zu beten, alle Energie darauf zu verwenden, dass du dich auf ein bestimmtes Anliegen konzentrierst.

Stelle die Verbindung mit Gott her und bete klar und spezifisch. Dein Gebet sollte feurig und effektiv sein. Ernstliches Gebet ist kein Kinderspiel. Selbst wenn du nur fünf Minuten lang betest, tu es inbrünstig. Natürlich kannst du nicht zwölf Stunden lang so beten. Du würdest ermüden und körperlich nicht durchhalten. Doch auch wenn du leise betest, kannst du dafür sorgen, dass dein Herz ganz dabei ist, während du mit Gott redest. Dein Gebet muss sein Herz erreichen, du musst mit ihm in Verbindung treten, wenn du einen geistlichen Durchbruch erleben willst. Du kannst in der geistlichen Welt nur durch ernsthaftes Gebet etwas verändern.

... und er nahm sie und führte sie über den Fluss und führte hinüber, was er hatte. Und Jakob blieb allein zurück. Da rang ein Mann mit ihm, bis die Morgenröte heraufkam. Und als er sah, dass er ihn nicht überwältigen konnte, berührte er sein Hüftgelenk; und das Hüftgelenk Jakobs wurde verrenkt, während er mit ihm rang. Da sagte er: Lass mich los, denn die Morgenröte ist aufgegangen! Er aber sagte: Ich lasse dich nicht los, es sei denn, du hast mich vorher gesegnet. Da sprach er zu ihm: Was ist dein Name? Er sagte: Jakob. Da sprach er: Nicht mehr Jakob soll dein Name heißen, sondern Israel; denn du hast mit Gott und mit Menschen gekämpft und hast überwältigt. Und Jakob fragte und sagte: Teile mir doch deinen Namen mit! Er aber sagte: Warum fragst du denn nach meinem Namen? Und er segnete ihn dort. Und Jakob gab der Stätte den Namen Pnuël; denn ich habe Gott von Angesicht zu Angesicht gesehen, und meine Seele ist gerettet worden! Und die Sonne ging ihm auf, als er an Pnuël vorüberkam; und er hinkte an seiner Hüfte.
1. Mose 32, 24-32

Hier berichtet uns die Schrift von einem Mann, der mit Gott kämpfte. Was bedeutet das?

Und als er sah, dass er ihn nicht überwältigen konnte, berührte er sein Hüftgelenk; und das Hüftgelenk Jakobs wurde verrenkt, während er

mit ihm rang.
1. Mose 32, 26

Gott hält Ausschau nach Menschen, die sich im Gebet an ihn festklammern, die ein Nein nicht als Antwort akzeptieren. Solche Menschen werden sich nicht zurückziehen, sie werden nicht aufhören, zu bitten. Sie werden vielmehr fasten und beten, bis sie die Erhörung erleben. *»Ich lasse dich nicht los, es sei denn, du hast mich vorher gesegnet.«*

Gott hält nach Menschen Ausschau, die so beten. Sie versetzen nicht nur Berge, sondern sie gewinnen durch ihr Gebet Länder und Nationen für Gott. Sie sind Menschen, die zum Opfern bereit sind; die bereit sind, mehrere Stunden pro Tag zu beten, bis sie das Resultat erhalten, das sie sich ersehnen. Jakob kämpfte die ganze Nacht – ein Bild für das Gebet. Er kämpfte die ganze Nacht mit dem Engel und gab nicht auf. Selbst als der Morgen kam, ließ er nicht ab von dem Engel, trotz des Schmerzes in seiner Hüfte. Was auch immer geschehen mochte, er brauchte seinen Segen.

Lerne es, mit ganzem Herzen zu beten, alle Energie
darauf zu verwenden, dass du dich auf ein
bestimmtes Anliegen konzentrierst.

Lerne es, beim Gebet in den Riss zu treten. Mit Sicherheit werden dir in deinem Leben Situationen begegnen, in denen nur ernstliches Gebet dich retten kann. Wenn du für Tausende Menschen Verantwortung trägst, musst du wissen, wie man inbrünstig betet. Ich bete nicht nur mehrere Stunden täglich, ich gebe Gott auch jeden Monat den Zehnten im Gebet.

Wenn du wirklich im Dienst für Gott effektiv werden willst, dann lerne, wie man im Gebet ringt. Solche Gebete verändern viele Generationen und das Schicksal von Nationen. Lass nicht ab von Gott, bevor er zu dir spricht.

Da sagte er: Lass mich los, denn die Morgenröte ist aufgegangen! Er aber sagte: Ich lasse dich nicht los, es sei denn, du hast mich vorher gesegnet.
1. Mose 32, 27

Warum Jakob? Der Name Jakob bedeutet »eine hinterlistige Person, ein Verführer«. Dies war ein schlechter Ruf, der Jakob sein Leben lang gefolgt war. Dieser Name bestimmte seinen Lebensweg. Er täuschte andere Menschen und erlebte, wie andere ihn täuschten. Er würde in seinem Leben nicht erfolgreich werden, wenn er keinen anderen Namen bekam. Er bekannte hier: »Mein Name ist Jakob.« Damit gab er zu: »Jawohl, solch ein Mensch bin ich, ich bin ein Lügner.« Das war sein Schicksal, das Kreuz, das er tragen musste. Und er konnte nichts daran ändern. Aber weil er im Gebet Charakter bewies, weil er rang und nicht aufgab, wurde das Unmögliche möglich. Gott veränderte sogar das, womit Jakob aufgewachsen war seit seiner Geburt, was untrennbarer Teil seiner Persönlichkeit war, weil Jakob sagte: »Ich werde dich im Gebet nicht in Ruhe lassen.«

Entwickle einen solchen Charakter in dir, der dich in die Lage versetzt, Gott zu erklären: »Ich bin bereit, jeden Preis zu bezahlen, ich werde dich nicht lassen, Herr, bis ich deine Antwort im Gebet erhalte.«

Da sprach er zu ihm: Was ist dein Name? Er sagte: Jakob. Da sprach er: Nicht mehr Jakob soll dein Name heißen, sondern Israel; denn du hast mit Gott und mit Menschen gekämpft und hast über- wältigt.

1. Mose 32, 28

Jetzt heißt auch du nicht mehr Jakob, der Lügner, sondern Israel, der Prinz Gottes. Du wirst ein Prinz Gottes sein. Gott änderte Jakobs Namen, weil er im Gebet nicht aufgab. Und Gott erklärt den Grund für diese Änderung. Er sagt:»Du hast überwältigt.« Anders ausgedrückt: Wenn ein Mensch in seinem Gebet anhaltend ist, dann wird er immer über seine Feinde siegreich sein.

Wenn du es lernst, im Gebet zu siegen, dann wirst du jede Schlacht gewinnen, den Sieg über jeden Feind erringen. Selbst Jesus, der Sohn Gottes, die zweite Person des drei- einigen Gottes, vernachlässigte nicht das Gebet. Das ist doch erstaunlich!

Ich studiere das Gebet. Ich lese viele wunderbare Erkennt- nisse über das Gebet. Aber was mich am meisten beein- druckt, ist die Tatsache, dass Jesus so viel gebetet hat. Warum war das für ihn notwendig? Er, der direkt mit Gott kommunizieren konnte; er, der Gottes Repräsentant auf der Erde war, musste offensichtlich ebenfalls beten. Wenn Jesus alles was er tat durch das Gebet erreichte, wie viel mehr ist es dann notwendig, dass wir beten! Gottes Hilfe können wir nur durch das Gebet empfangen. Und wenn Jesus alles, was er im Leben liebte, durch das ernstliche Gebet erhielt, dann kannst auch du alles verändern, indem du betest.

Wenn du das Leben Jesu studierst, wirst du feststellen, dass es zwei typische Dinge gibt, die sein Gebetsleben charakterisierten. Erstens betete er am Morgen, was bedeutet, dass er täglich betete und zweitens pflegte er regelmäßige Gebetszeiten in der Nacht. Wir lesen an vielen Stellen in der Bibel, dass Jesus betete.

> **Und frühmorgens, als es noch sehr dunkel war, stand er auf und ging hinaus und ging fort an einen einsamen Ort und betete dort.**
> **Markus 1, 35**

Er stand morgens früher auf als alle anderen. Wir alle schlafen morgens gerne aus, aber Jesus pflegte die Disziplin des Gebetes in den frühen Morgenstunden. Er suchte einen abgelegenen Ort auf, um dabei alleine zu sein. Wir wissen das aus dem Lukasevangelium:

> **Aber die Rede über ihn verbreitete sich umso mehr; und große Volksmengen versammelten sich, ihn zu hören und von ihren Krankheiten geheilt zu werden. Er aber zog sich zurück und war in einsamen Gegenden und betete.**
> **Lukas 5, 15-16**

Gewaltige Menschenmengen machten sich auf zu ihm, um ihm zuzuhören und von ihren Krankheiten geheilt zu werden, aber er zog sich in die Wüste zurück. Je mehr er sich den Menschen widmete und ihre Probleme löste, desto notwendiger brauchte er die Gemeinschaft mit seinem Vater, weil er verstand, wo die Quelle seiner Kraft und seiner Siege war. Er ließ die Menschenmenge zurück, trennte sich von ihr ab. Wenn du ständig für die Wünsche und Wehwehchen der Menschen da sein willst, wirst du Gott nicht wohlgefällig sein können.

Wir sind gerne ständig von Menschen umgeben. Viele von uns schätzen die Aufmerksamkeit. Aber Jesus zog sich zurück. Er ging hinaus in die Wüste und betete. Er brachte alles im Gebet zum Vater. Wir müssen lernen, das Gleiche in unserem Gebet zu tun.

Und es geschah in diesen Tagen, dass er auf den Berg hinausging, um zu beten; und er verbrachte die Nacht im Gebet zu Gott.
Lukas 6, 12

Du kannst nicht in der Salbung Jesu wandeln, wenn du nie das tust, was er getan hat. Jesus zog sich oft zurück, damit er im Gebet seine Kraft erneuern, Zeit mit dem Vater verbringen, von ihm Rat einholen und ihm für alle Dinge danken konnte. Wenn du in deinem Gebetsleben die gleiche Haltung kultivierst, wirst du eine Salbung finden, die auch in deinem Leben niemals nachlässt. Anschließend lässt uns der Autor dieses Evangeliums wissen:

Es geschah aber etwa acht Tage nach diesen Worten, dass er Petrus und Johannes und Jakobus mitnahm und auf den Berg stieg, um zu beten. Und als er betete, veränderte sich das Aussehen

seines Angesichts, und sein Gewand wurde weiß, strahlend.

Lukas 9, 28-29

Das Gebet wird alles verändern. Ein beständiges Gebetsleben wird dein Aussehen verändern. Sein Licht wird aus deinen Augen leuchten und die Menschen werden erkennen, dass du Zeit mit Gott verbracht hast. In der Apostelgeschichte heißt es, dass die Apostel immer erkennbar waren. Es war den Menschen klar, dass diese Männer mit Jesus zusammen gewesen waren. Sie verströmten eine besondere Liebe und einen besonderen Glanz. Wenn du viel Zeit im Gebet mit Jesus verbringst, verändert sich dein Äußeres und du wirst in sein Bild verwandelt.

Als Mose nach 40 Tagen auf dem Berg Sinai ins Lager zurückkehrte, konnten die Israeliten sein Angesicht nicht anschauen. Er verstand nicht, was los war, aber die Menschen baten ihn, sein Gesicht zu verhüllen, weil die Herrlichkeit Gottes so hell leuchtete, dass es niemand aushalten konnte. Genauso kann Gottes Herrlichkeit aus dir leuchten. Aber das ist nur dann möglich, wenn du viel Zeit im Gebet verbringst.

Ich bitte dich, o mein Gott, dass du jedem, der diese Zeilen liest, dabei hilfst, Jesus ähnlicher zu werden und das Verlangen nach einem brennenden und effektiven Gebetsleben zu entwickeln. Mögen wir mit dir im Gebet Gemeinschaft haben, und auf diese Weise die Welt und alle Hindernisse überwinden. Hilf uns, mit dir im Gebet eins zu werden und die Süße deiner Gegenwart zu genießen.

Und möge der Glanz deiner Herrlichkeit in uns bleiben, uns zum Zeugnis deiner Majestät für die Welt machen. Im Namen Jesu Christi.

Amen.

Schätze für die Seele

1. Salbung kommt nicht ohne Gebet. Je näher du Jesus im Gebet kommst, im Wort und in der Gemeinschaft mit ihm, um so mehr werden sein Charakter, seine Salbung und seine Fähigkeiten in dir manifestiert.
2. Wenn zu jederzeit geschützt sein willst, musst du systematisch beten. Wenn deine Gebetszeit mindestens eine Stunde täglich beträgt, dann halte dich daran. Die Hauptsache ist, dass du nicht unter diese Stunde zurückfällst.
3. Das Gebet gibt dir eine übernatürliche Kühnheit, die du auf andere Weise nicht erlangen kannst.
4. Lass es nicht zu, dass soziale, öffentliche oder menschliche Verpflichtungen dich um dein Gebetsleben berauben.
5. Lerne es, mit ganzem Herzen zu beten, all deine Energie auf ein bestimmtes Ziel zu konzentrieren.

Kapitel 4 – Das Wort Gottes: Der Schlüssel, um Gott zu kennen

Das Wort in deinem Kopf ist das, was du weißt.
Aber das Wort in deinem Herzen ist das, wodurch du lebst.

Der Mensch, den Gott gebrauchen wird, muss völlig mit dem Wort Gottes erfüllt sein.

Du bist nicht einfach dadurch mit dem Wort Gottes erfüllt, dass du die ganze Bibel gelesen hast. Du kannst sogar die ganze Bibel auswendig lernen und noch immer nicht mit dem Wort Gottes erfüllt sein. Das scheint paradox. Aber das Wort Gottes zu kennen heißt nicht, damit erfüllt zu sein. Kenntnis des Wortes und Erfüllung mit dem Wort sind zwei verschiedene Dinge. Wenn du mit dem Wort erfüllt bist, wirst du durch das Wort leben. Zwischen dem Wort in deinem Kopf und in deinem Herzen besteht ein Unterschied. Das Wort in deinem Kopf ist das, was du weißt, das Wort in deinem Herzen ist das, woraus du lebst.

All ihr Frauen und Männer, die ihr Gott dienen wollt, lasst mich euch eines sagen: Wie du im Wort lebst und wie aktiv das Wort in deinem Leben ist, entscheidet darüber, wie weit du in der geistlichen Welt kommst, wie hoch zu steigst und wie nahe du Gott kommen wirst.

Der Mensch, den Gott gebrauchen wird, muss vollständig mit dem Wort Gottes erfüllt sein.

Nachdem ich den Herrn angenommen hatte, konnte ich keinen Schritt ohne meine Bibel tun. Sie war überall dabei. In der Straßenbahn, im Bus, in der U-Bahn. Ich las sie ständig und überall. Als ich dann in die Sowjetunion kam und auch dort in den öffentlichen Verkehrsmitteln die Bibel las, bemerkte ich, dass die Menschen mich komisch anschauten. Nach und nach gewöhnte ich mir das dann ab. Doch nach wie vor, unabhängig von meiner Stimmung oder Lage, ermahne ich mich selbst und lese das Wort, gehe tiefer hinein, auch wenn mir nicht danach zumute ist. Ich zwinge mich jeden Tag dazu. Du musst dein Fleisch bezwingen, um im Wort Gottes verwurzelt zu werden; es nicht einfach nur zu lesen, sondern bei der Lektüre Offenbarung von Gott zu empfangen durch den Heiligen Geist. Du kannst nur durch das Wort leben, wenn du es liest.

Gebet ohne Kenntnis des Wortes Gottes ist nicht komplett. Das ist wie warmes Wasser statt Suppe. Wenn deine Suppe nur aus Wasser besteht, schmeckt sie nicht sonderlich gut. Andersherum gilt das Gleiche für das Wort ohne Gebet. Das ist wie trockene Salatblätter ohne Soße. Gebet macht dir das Wort ganz persönlich lebendig. So wie das Wort ohne Gebet unvollständig ist, wird das Gebet ohne das Wort wenig nützlich sein. Wenn du beide miteinander vereinst, dann bringt dich das näher zu Gott.

Es ist wichtig zu wissen, dass du ohne das Wort Gottes die Kraft Gottes nicht bekommen kannst.

Denn ich schäme mich des Evangeliums nicht, ist es doch Gottes Kraft zum Heil jedem Glaubenden, sowohl dem Juden zuerst als auch dem Griechen.

Denn Gottes Gerechtigkeit wird darin offenbart aus Glauben zu Glauben, wie geschrieben steht: Der Gerechte aber wird aus Glauben leben.

Römer 1, 16-17

»Ich schäme mich des Evangeliums nicht.« Das Evangelium ist das Wort Gottes, die Gute Nachricht. Es ist die Kraft Gottes. Im Evangelium ist große Kraft verborgen. Es gibt viele, die fünf oder sechs Stunden täglich beten, aber kaum einmal ihre Bibel aufschlagen. Und sie sehen keine Resultate ihrer Gebete. Das liegt daran, dass die Kraft Gottes im Evangelium liegt, im Wort Gottes. **Denn ich schäme mich des Evangeliums nicht, ist es doch Gottes Kraft zum Heil jedem Glaubenden, sowohl dem Juden zuerst als auch dem Griechen.**

Das Wort Gottes wird dir nicht viel nützen, wenn du es nicht glaubst. Während du das Wort liest, lerne, ihm zu vertrauen, die Dinge, die du liest, zu glauben. Wenn das Wort sagt, dass du gerechtfertigt bist, dann glaube es. Wenn Gott sagt, dass dir vergeben wurde, dann lerne es, deine Vergebung zu empfangen. Wenn Gott sagt, dass du ein Sieger bist, dann glaube, dass der Sieg dir gehört und dass du wirklich siegen wirst. Glaube alles, was das Wort über dich sagt. Wenn das Wort sagt, dass du in Christus Jesus bist, dann glaube, dass du in Christus Jesus bist. Wenn das Wort sagt, dass du eine neue Kreatur bist, dann bist du eine neue Kreatur, wenn du es glaubst! Dein Glaube macht das Wort Gottes in deinem Leben wirksam. Du brauchst nicht selbst zu kämpfen, dich abzustrampeln und dich zu quälen, wenn du nur glaubst.

Glaube alles, was das Wort über dich sagt.

Im Wort ist die Gerechtigkeit, die Wahrheit Gottes offenbart. Es mag sein, dass du im Gebet eine Offenbarung empfängst, aber sie wird auf dem Wort gegründet sein, das du vorher schon kanntest. Gott tut nichts im Widerspruch zu seinem Wort. Jede Offenbarung, die du bekommst, wird sich im Wort finden, durch das Wort und um das Wort herum. Du kannst nicht geistlich wachsen und gleichzeitig dem Wort aus dem Wege gehen. Jeder weiß, dass Gebet notwendig ist, aber das Wort Gottes wird dich davor bewahren, beim Beten auf falsche Wege zu geraten. Es wird dir helfen, nicht stehen zu bleiben und dich auf deinen Lorbeeren auszuruhen, es wird dich weiter auf dem rechten Pfad leiten.

In ihm offenbart sich die Gerechtigkeit Gottes aus dem Glauben im Glauben. Wenn du tiefer in das Wort hineingehst, wirst du geistlich immer weiter wachsen können. Du wirst nämlich feststellen, wie viel mehr Gott dir zeigen will, wirst verstehen, dass alle seine Geheimnisse durch das Wort offenbart werden. Bete jedes Mal, wenn du das Wort liest, dass dir etwas Neues offenbart wird. Lies die Bibel nicht einfach so wie eine Gebrauchsanweisung oder einen Roman. Der Sinn des Wortes Gottes besteht darin, dass du Offenbarungen empfängst.

Dein Glaube lässt das Wort Gottes in
deinem Leben wirksam werden.

Wenn die Bibel dir nichts offenbaren kann, ist sie tot. Du kannst sie den ganzen Tag lang lesen, ohne dass es gut für dich wäre. Sie wird dich langweilen, wenn du beim Lesen keine Offenbarung empfängst. Versuche, das Wort mit der Hilfe des Heiligen Geistes zu lesen, dann wirst du jedes Mal, wenn du dieses heilige Buch in die Hände nimmst, eine neue Offenbarung empfangen. Wenn du predigst oder lehrst, achte darauf, dass möglichst jedes deiner Worte aus einer Offenbarung Gottes, durch seinen Geist der Offenbarung zu dir gekommen ist. Wenn dir das Wort offenbart wird, ist es einfacher, danach zu leben.

Man spricht von RHEMA, wenn das Wort einem Menschen offenbart wird: ein Wort persönlich für dich. Und solche Worte kann Gott leichter mit Zeichen und Wundern bestätigen. Wenn du Kenntnis des Wortes, aber keine Offenbarung hast, wird die Auswirkung gering sein und den Zuhörern nicht viel nützen. Doch wenn das Wort durch Offenbarung entzündet wurde, ist es lebendig und bringt Leben. Wenn du das Wort nur liest und so wie es geschrieben steht weitergibst, wirst du ein schwacher Diener Gottes sein, deine Botschaften sind dann entweder fleischlich oder intellektuell.

Manche Pastoren halten Predigten, die nicht schlecht sind, aber hinterher bleibt eine gewisse Unzufriedenheit zurück. Man kann Kenntnis des Wortes haben und alles sehr logisch auslegen, aber dann fehlt immer noch etwas. Bei einer anderen Gelegenheit kommt dann jemand, ein Dorfpastor vielleicht, der nicht allzu eloquent reden kann. Aber was er predigt, ist das ihm offenbarte Wort. Du wirst zuhören und zuhören und zuhören wollen, Freude wird dein Herz erfüllen, weil er etwas ausspricht, was ihm vom

Heiligen Geist offenbart worden ist. Und diese Offenbarung ernährt und erfüllt dich.

Dies ist eine Offenbarung aus dem Wort. Diese Offenbarung stärkt dich, lehrt dich und ermutigt dich in deinem Dienst. Eine solche Offenbarung macht deine Botschaft einzigartig, anders als die meisten anderen Predigten. Die Menschen werden dir gerne zuhören und ungeduldig auf deine nächste Predigt warten. Also versuche, beim Lesen des Wortes Offenbarung zu empfangen.

Als ich damals anfing zu predigen, entschied ich mich, niemals eine Predigt zu halten, wenn ich vorher keine Offenbarung empfangen hatte. Zwischen Predigt und Lehre besteht ein Unterschied. Wenn es um das Lehren geht, muss ich zunächst etwas Neues lernen, mir Wissen aneignen, es dann zu einer Lehreinheit verarbeiten und schließlich anderen Menschen vortragen. Doch wenn ich in einer Gemeinde predigen will, kann ich nicht einfach etwas vortragen, was ich irgendwann irgendwo gehört habe.

Offenbarung aus dem Wort Gottes verleiht deiner Predigt Farbe und macht sie anders als alle anderen. Gott wird deine Worte erfüllen, während du sprichst, und es wird deutlich werden, dass dies ein vom Heiligen Geist gegebenes Wort ist, geboren im Herzen eines Menschen, der wahrlich Gott gehört. Wenn das Wort in dir Glauben erweckt, dann werden die Worte deines Mundes in den Zuhörern Glauben erwecken. Der Glaube kommt nämlich aus dem Hören des Wortes Gottes und der Gerechte wird durch Glauben leben. Das bedeutet, dass du aus der Offenbarung lebst, die du aus dem Wort empfängst. Nicht durch die Offenbarungen anderer Menschen, sondern durch deine eigenen, die Gott dir vom Himmel her gibt.

Denn das Wort Gottes ist lebendig und wirksam und schärfer als jedes zweischneidige Schwert und durchdringend bis zur Scheidung von Seele und Geist, sowohl der Gelenke als auch des Markes, und ein Richter der Gedanken und Gesinnungen des Herzens.
Hebräer 4, 12

Du musst mit dem Wort gut vertraut sein, weil es lebendig und voller Kraft ist. Das heißt, dass das Wort wie ein Mensch aus Fleisch und Blut lebendig ist. Das Wort hat Leben, hat die Fähigkeit zu handeln und seine Energie in einen Menschen hineinzufüllen. Wenn wir geistlich schwach sind, deprimiert, nichts tun können oder wollen, dann wird uns das Wort Gottes zur Rettung. Es haucht uns neues, starkes Leben ein, erfüllt uns mit der Kraft des Heiligen Geistes, erfrischt unseren Geist und öffnet uns neue Wege, damit wir vorankommen und weitergehen können. Das Wort Gottes ist eine Infusion der Energie Gottes für uns. Das Leben, das Gott von vorneherein in sein Wort hineingelegt hat, macht uns wieder lebendig.

Wenn du also deprimiert bist, enttäuscht oder entmutigt, dann lautet Gottes Ratschlag an dich: Nimm die Lebensmedizin zu dir, das Wort Gottes. Es wird dir in schwierigen Zeiten Vitalität schenken. In jedem Leben tauchen Probleme auf. Die Welt ficht uns ständig an, und es bedarf nicht nur körperlicher Anstrengung, sondern auch geistlicher Kraft, um zu widerstehen. Die Problembewältigung

raubt uns Kraft. Wir werden müde, verlieren unsere über-
sprudelnde Freude, lassen uns ablenken – und manchmal
fallen wir. Das Leben verlangt seinen Zoll von uns.

Doch wenn du feststellst, dass dir etwas fehlt, Geduld,
Liebe, Selbstbeherrschung oder eine andere Frucht des
Geistes, dann lass dir vom Wort wieder Leben schenken.
Hole dir neue Kraft und frischen Lebensmut aus dem Wort
Gottes. Es wird zum Teil deines Lebens und erneuert dich.
Das Wort kann dich in einen besseren Menschen ver-
wandeln. Du kannst liebevoller, mit Liebe erfüllt werden,
weil es Leben in sich trägt.

Wenn in deinem Leben Probleme auftauchen, nimm das
Wort und tauche tief hinein. Es wird dir zeigen, was du tun
sollst und dir helfen, von Problemen und Bedrückung frei
zu werden, weil das Wort lebendig und voller Kraft ist. Da
es voller Kraft ist, wird es jederzeit in der Lage sein, für dich
zu handeln, jeder Not zu begegnen, mit der du es in
deinem Leben zu tun bekommst. Wenn du das im Glauben
annimmst, wirst du es auch selbst erleben.

Was bedeutet »lebendig« und »kraftvoll«? Es sagt uns,
dass das Wort aktiv wird. Wenn das Wort sagt, dass Gott
deine Jugend wie die Adler erneuert, dann mach das zu
deinem eigenen Wort und diese Verjüngung wird in dir
stattfinden. Wenn es sagt, dass Gott uns in Christus Jesus
durch das Wort Gottes den Sieg gegeben hat, dann heißt
das, dass Gott uns das Recht verliehen hat, zu
triumphieren. Vielleicht willst du gar nicht triumphieren,
weil du von den Problemen in deiner Familie oder anderen
Lebensbereichen niedergedrückt bist, aber wenn du dich

auf das Wort stellst und es dir immer wieder zusprichst, dass Gott uns den Sieg in Christus Jesus gegeben hat, dann wird dieser Sieg in deinem Leben zur Realität. O, wie wirst du den Herrn dafür preisen!

Wenn in deinem Leben Probleme auftauchen, nimm das Wort und tauche tief hinein. Es wird dir zeigen, was du tun sollst und dir helfen, von Problemen und Bedrückung frei zu werden, weil das Wort lebendig und voller Kraft ist.

Das Wort Gottes ist lebendig und voller Kraft. Es vollbringt, was auch immer das Wort Gottes sagt und verspricht. Darum haben wir das Leben. Darum lächeln wir. Wenn ich das Wort ausspreche, wenn ich mit dem Wort Gemeinschaft habe, wenn ich im Wort lebe, dann habe ich keine Probleme! Auch du kannst ohne deine Probleme leben. Doch wenn du ohne das Wort wandelst, dann befindest du dich unter einer schweren Last, wirst von deinen Problemen niedergedrückt. Als Diener Gottes müssen wir unsere geistliche Jugend erneuern, also unser geistliches Leben. Wir müssen es durch das Wort Gottes jung erhalten. Wenn uns das Leben Herausforderungen in den Weg stellt, wenn wir Problemen und allerlei Schwierigkeiten begegnen, dann wird uns das Wort Kraft und Hoffnung geben.

Das Wort Gottes ist lebendig, voller Kraft und schärfer als ein zweischneidiges Schwert. Manchmal stellen wir fest, dass unserem inneren Menschen, unserem Fleisch, unserer Seele vielerlei schlechte Dinge, schlechte Angewohnheiten anhaften. Wenn es in dir noch solche Dinge gibt, dann kannst du sie jetzt abschneiden, weil du das Wort Gottes hast, das schärfer ist als jedes Schwert. Es wird all diese Dinge von dir abtrennen, auf der Grundlage dessen, was Gott gesagt hat: »**So auch ihr: Haltet euch der Sünde für tot, Gott aber lebend in Christus Jesus!**« (Römer 6, 11). Wenn du dich fest auf dieses Wort gründest, dann werden alle schlechten Angewohnheiten mitsamt der Wurzeln abgeschnitten.

Viele Menschen bitten Gott darum, dass er sie von nutzlosen Gedanken befreit, die ihnen hinderlich sind.

> **Übrigens, Brüder, alles, was wahr, alles, was ehrbar, alles, was gerecht, alles, was rein, alles, was liebenswert, alles, was wohllautend ist, wenn es irgendeine Tugend und wenn es irgendein Lob gibt, das erwägt!**
> **Philipper 4, 8**

Das Wort wird dir bei der Befreiung von schlechten Gedanken helfen, wenn du es meditierst und auf dein Herz einwirken lässt. Auf diesem Gebiet wird dich nicht das Gebet befreien, sondern das Wort Gottes. Es ist dein Hilfsmittel, um alle nutzlosen Gedanken abzuschneiden. Dein innerer Mensch wird vom Wort Gottes erfüllt sein und alles, was in deiner Seele und deinem Geist Gott missfällt, wird abgeschnitten. Das Wort durchdringt sogar den Bereich zwischen Seele und Geist.

Chirurgen können Operationen an deinem Körper durchführen, aber sie haben keine Möglichkeit, deinen Geist und deine Seele zu verändern, sie können keinen »geistlichen Krebs« entfernen. Oft wissen wir nicht, woher unsere inneren Impulse stammen: aus unserer Seele oder unserem Geist; wir können nicht unterscheiden, ob ein bestimmter Gedanke von Gott oder aus unserem Fleisch stammt. Das Wort Gottes wird dir dabei helfen, eine klare Trennung zwischen Seele und Geist herzustellen. Durch das Wort Gottes kannst du das eine vom anderen trennen und alles der entsprechenden Quelle richtig zuzuordnen. Was bestimmt dich im Augenblick? Dein Fleisch, dein Geist oder deine Seele?

Als Diener Gottes fülle dich mit dem Wort, lerne das Wort kennen und lieben, öffne das Wort und gründe dein Leben und deinen Dienst auf das Wort Gottes. Alles andere wird vergehen, aber das Wort bleibt ewig. Vergiss das nicht! Wenn du dich zwingen musst, das Wort zu lesen, dann zwinge dich. Das Wort wird dir helfen, von falschen Gedanken frei zu werden. Das Wort kann in deinem Leben so viel bewirken. Warum ist das Wort so voller Möglichkeiten? Weil es lebendig, voller Kraft und lebensspendend ist.

Das Wort wird dir bei der Befreiung von schlechten Gedanken helfen, wenn du es meditierst und auf dein Herz einwirken lässt. Das Wort Gottes wird dir dabei helfen, eine klare Trennung zwischen Seele und Geist herzustellen.

Aus diesem Grund reservieren wir so viel Zeit in unserer Gemeinde für Predigten. Deine Gemeinde muss auf dem Wort Gottes gegründet sein. Unterweise die Menschen, das Wort zu studieren. Sorge dafür, dass sie fortwährend durch das Wort Gottes ernährt werden.

Im Buch Jesaja steht eine interessante Wahrheit, die mich berührte und mir half zu verstehen, wie wichtig es ist, das Wort zu ehren.

Hin zur Weisung und zur Offenbarung! Wenn sie nicht nach diesem Wort sprechen, dann gibt es für sie keine Morgenröte.
Jesaja 8, 20

Gott sagt zu uns:»Hin zur Weisung und zur Offenbarung! Wenn sie nicht nach diesem Wort sprechen, dann gibt es für sie keine Morgenröte.« Das ist ein Gebot! Die Gemeinde Gottes, die Kirche Jesu Christi kann nicht ohne das Wort gebaut werden. Sie kann nicht ohne das Wort überleben. Das Wort muss uns in allem leiten, was wir tun. Wir müssen bei allen Dingen, die wir in die Hand nehmen, vom Wort geleitet werden. Wenn du ein Treffen mit der Leiterschaft durchführst, dann gründe es auf das Wort Gottes, zeige den Menschen das spezielle Wort in der Bibel, das ihnen in der gegebenen Situation helfen wird. Mach das Wort Gottes zu deinem Kompass.

Wende dich dem Gesetz und dem Zeugnis der Schrift zu. Es spielt keine Rolle, wie talentiert jemand ist, wie gesalbt, wie begabt. Wenn er nicht gemäß dem Wort Gottes lebt, dann ist kein Licht in ihm; in ihm herrschen nur Finsternis und Trübsinn. Das Wort Gottes ist das Licht, das deinen Lebensweg erleuchten wird. Wenn du gemäß dem Wort lebst, wird Gott bestimmt deine Wege fruchtbar machen und dir Erfolg schenken.

Dieses Buch des Gesetzes soll nicht von deinem Mund weichen, und du sollst Tag und Nacht darüber nachsinnen, damit du darauf achtest, nach alledem zu handeln, was darin geschrieben ist; denn dann wirst du auf deinen Wegen zum Ziel gelangen, und dann wirst du Erfolg haben.

Josua 1, 8

Du wirst in allem erfolgreich sein, wenn das Buch Gottes nicht von deinen Lippen weicht. Mach also das Wort zum Fundament deines persönlichen Lebens und deines Dienstes. Es wird dir helfen, jedes Hindernis zu überwinden und dir den Sieg schenken.

Schätze für die Seele

1. Das Wort in deinem Kopf ist das, was du weißt. Aber das Wort in deinem Herzen ist das, wodurch du lebst.
2. Der Mensch, den Gott gebrauchen wird, muss völlig mit dem Wort Gottes erfüllt sein.
3. Glaube alles, was das Wort über dich sagt.
4. Dein Glaube versetzt das Wort in die Lage, in deinem Leben zu wirken.
5. Wenn in deinem Leben Probleme auftauchen, nimm das Wort und tauche tief hinein. Es wird dir zeigen, was du tun sollst und dir helfen, von Problemen und Bedrückung frei zu werden, weil das Wort lebendig und voller Kraft ist.
6. Das Wort wird dir bei der Befreiung von schlechten Gedanken helfen, wenn du es meditierst und auf dein Herz einwirken lässt. Das Wort Gottes wird dir dabei helfen, eine klare Trennung zwischen Seele und Geist herzustellen.

Kapitel 5 – Die Salbung des Heiligen Geistes ist das Siegel eines erfolgreichen Dieners Gottes.

Der Geist des Menschen weiß mehr über die Person als irgendjemand sonst. Wenn du mit dem Geist Gottes Gemeinschaft pflegst, wird er dir die Geheimnisse Gottes offenbaren.

Gott findet immer Menschen, die sich entschieden haben, sich völlig dem Dienst für Gott zu widmen. Und er wird diese Menschen gebrauchen, unabhängig von deren Bildung, Herkunft oder Geschlecht. Er wird sie gebrauchen wegen ihrer Hingabe an ihre Berufung, ihrer Sehnsucht nach Reinheit und Heiligung, ihrer Fähigkeit, ernsthaft zu beten und ihres Verlangens, das Wort Gottes zu kennen und danach zu leben.

Der Mensch, den Gott gebrauchen wird, muss mit der Kraft des Heiligen Geistes gesalbt sein. Du magst das Wort Gottes auswendig können und gleichzeitig nicht die Kraft haben, irgendetwas zu verändern. Um in der geistlichen Welt große Taten zu vollbringen, musst du gesalbt sein. Du musst nach der Salbung suchen, sie verlangen und dich nach ihr sehnen. Du musst in der Erkenntnis Gottes wachsen, damit er seine Salbung auf dich ausschütten kann. Um Gott zu dienen, sind die Erfüllung mit der Kraft des Heiligen Geistes und die Führung durch den Heiligen Geist die beiden wichtigsten Voraussetzungen. Warum?

Weil der Heilige Geist dir den Willen Gottes offenbaren und dir dabei helfen wird, die Werke zu vollbringen, die Gott auf dieser Erde tun will.

Um Gott zu dienen, sind die Erfüllung mit der Kraft des Heiligen Geistes und die Führung durch den Heiligen Geist die beiden wichtigsten Voraussetzungen.

Jesus forderte seine Jünger auf, Jerusalem nicht zu verlassen, bevor die Kraft aus der Höhe auf sie gekommen war. Sein größter Auftrag an sie war, in die Welt hinauszugehen und das Evangelium zu verkündigen. Doch obwohl dieser Befehl sehr ernst zu nehmen war, sagte Jesus, dass sie warten sollten. Warte auch du, bis du sicher bist, dass du mit der Kraft des Heiligen Geistes bekleidet wurdest.

Es gibt viele Menschen, die empfinden, dass Gott sie berufen hat. Aber das reicht nicht aus, um einen Dienst im Reich Gottes zu beginnen. Jedes Mal ging Jesus in die Abgeschiedenheit, um mit Gott zu sprechen, bevor er Zeit mit den Menschen verbrachte. Er zog sich zurück, um allein mit Gott zu sein, damit er vom Heiligen Geist eine Salbung empfangen konnte; dann kam er zurück und wirkte Wunder. Wenn du die Evangelien aufmerksam gelesen hast, wirst du bemerkt haben, wie häufig er die Volksmengen zurückließ, um auf einen Berg zu steigen, damit er mit der Kraft aus der Höhe erfüllt werden konnte.

Wir alle müssen dem Beispiel Jesu folgen. Du musst ständig unter der Salbung des Heiligen Geistes wandeln. Das Leben eines Dieners Gottes muss unablässig mit der Gegenwart Gottes und mit seinem Wort erfüllt sein. Du solltest, so wie

Jesus, ständig den Menschen dienen. Doch oft verbrachte er die ganze Nacht im Gebet mit Gott, weil er wusste, dass seine Salbung davon abhing. Manchmal ging er früh morgens fort, bevor er seinen Tagesablauf begann, um Zeit im Gebet zu verbringen.

Du solltest die gleiche regelmäßige und unveränderliche Routine pflegen, sei darin treu. Faste regelmäßig. Übe Selbstdisziplin. Erlaube es dir nicht, ohne Gottes Gegenwart vor die Menschen zu treten, sonst ist dein Scheitern schon sicher, bevor du überhaupt anfängst. Es ist sehr wichtig, die »geistliche Körpertemperatur« ständig zu überprüfen.

Früher musste ich sechs Stunden beten, bevor ich eine Predigt halten konnte. Inzwischen bin ich auf eine höhere Ebene gestiegen, mein Gebet am Morgen reicht aus, damit ich mit der Kraft Gottes erfüllt bin. Doch wenn ich das Empfinden habe, dass mein Geist schwach wird, dann lege ich alle Arbeit beiseite, sage meine Verabredungen ab und ziehe mich zurück, um mit dem Herrn alleine zu sein. Ich erfülle mich mit ihm und belebe mich wieder in seiner Kraft.

Wenn du spürst, dass das Ausmaß deiner Inbrunst nachlässt und das Feuer Gottes in dir erlischt, dann wisse, dass du die Salbung verlierst. Du darfst das nicht zulassen. Es spielt keine Rolle, welcher Art dein Dienst ist, ohne die Salbung kannst du nichts tun. Du darfst es dir nicht erlauben, ohne die Salbung zu leben, weil die Menschen das sofort bemerken werden. Wenn du dagegen ständig unter der Salbung des Heiligen Geistes bleibst, dann wird Gott jedes deiner Worte und deine Handlungen bestätigen.

Wenn du spürst, dass das Ausmaß deiner Inbrunst
nachlässt und das Feuer Gottes in dir erlischt,
dann wisse, dass du die Salbung verlierst.

Wenn du erfolgreich sein willst, dann musst du eine ständige Gemeinschaft mit Gott pflegen, vor allem mit dem Heiligen Geist. Die Salbung kommt vom Heiligen Geist. Darum ist es so wichtig, dass deine Gemeinschaft mit dem Heiligen Geist ernsthaft, tief und persönlich ist. Es ist der Heilige Geist, der dich mit Öl salbt, er ist es, der Kraft gibt, er bestätigt das Wort, das du sprichst. Es ist deshalb für jeden so wichtig, eine persönliche Beziehung mit dem Heiligen Geist zu pflegen. Pflege täglich Gemeinschaft mit ihm und verlass dich immer auf ihn.

Und ich, als ich zu euch kam, Brüder, kam nicht, um euch mit Vortrefflichkeit der Rede oder Weisheit das Geheimnis Gottes zu verkündigen.
1. Korinther 2, 1

Leider lehren manche Prediger die Menschen, eloquent zu reden und die Aufmerksamkeit der Zuhörer aufrecht zu erhalten; sie vermitteln Wissen und menschliche Weisheit. Wenn wir Diener des Neuen Testamentes sein wollen, müssen wir uns auf etwas anderes verlassen.

Denn ich nahm mir vor, nichts anderes unter euch zu wissen als nur Jesus Christus, und ihn als gekreuzigt. Und ich war bei euch in Schwachheit und mit Furcht und in vielem Zittern; und meine Rede und meine Predigt bestand nicht in überredenden Worten der Weisheit, sondern in Erweisung des

Geistes und der Kraft.
1. Korinther 2, 2-4

Beachte dies: »... in **Erweisung des Geistes und der Kraft«**. Das nennen wir Salbung des Heiligen Geistes. Du solltest das Ziel haben, Gemeinschaft mit dem Heiligen Geist zu pflegen, damit deine Worte durch seine Kraft bestätigt werden können, damit der Heilige Geist deine Worte in den Zuhörern lebendig machen kann. Wenn du sprichst, sollten die Menschen nicht unberührt bleiben. Deine Worte müssen mit der Gegenwart des Heiligen Geistes zu ihnen kommen. Dann werden die Menschen zuhören wollen. Deine Worte werden in die Herzen der Zuhörer dringen, und niemand wird davon unberührt bleiben; was du sagst, wird heilen und Wunder wirken durch die Kraft des Heiligen Geistes, der es bestätigt.

Die Bibel sagt: »... nicht in überredenden Worten der Weisheit, sondern in Erweisung des Geistes und der Kraft«. Der Geist offenbart, der Geist macht lebendig und der Heilige Geist bestätigt. Bevor du den Menschen dienst, verbringe Zeit im Gebet, studiere das Wort und suche das Angesicht Gottes. Dann wirst du erleben, was der Heilige Geist in den Herzen der Menschen und in ihrem Geist bewirkt. Sie werden zum nächsten Gottesdienst wiederkommen wollen, sie werden noch mehr Gemeinschaft mit dir haben wollen. Etwas wird sie anziehen – die Erweisung des Geistes und der Kraft.

Die Erweisung des Geistes brauchst du wirklich in deinem Dienst. Also suche die Salbung des Heiligen Geistes, gib hin, was immer es kosten mag, schone weder dich noch dein

Fleisch. Tu immer das Gegenteil dessen, was dein Fleisch will. Stelle dich gegen dein Fleisch. Sei Gott in allem wohlgefällig. Dann wirst du bald die Frucht sehen, die der Heilige Geist hervorbringt und in deinem Leben eine große Ernte einbringen.

Die bekannte Predigerin Amy McPherson erlebte das in ihrem Dienst. Sie trug sehr bunte Kleidung und schmückte sich recht extravagant, man hielt das für unangemessen bei einer Predigerin. Die Menschen fragten sich ringsherum: Wie kann Gott eine solche Person gebrauchen? Es wurde sogar ein Detektiv beauftragt, ihr überall hin zu folgen. Sie wusste nichts davon, aber selbst zu Hause wurde sie beobachtet. Eines Abends begann sie zu beten, bevor sie zu einem Gottesdienst aufbrach. Sie betete sehr laut, weinte, schrie zum Herrn mit solchen Worten:

»Ich bin schmutzig, ich bin unwürdig, ich bereue alle meine Sünden! O Gott, erfülle mich mit deiner Herrlichkeit, auf mich selbst verlasse ich mich nicht, Herr, ich bin es nicht wert, dir zu dienen! Nur du kannst es tun, Herr. Ich verlasse mich völlig auf dich. Ich bitte dich, mich zu gebrauchen. Ich will nicht ohne dich gehen, nicht ohne deine Gegenwart!«

Sie betete und war völlig zerbrochen vor Gott. Sie betete und betete, weinte, lag auf dem Boden, während sie für andere Fürbitte tat:

»Gott, vergib den Menschen, die zu mir kommen werden, heile sie! Gott, erfülle ihnen ihre Sehnsucht, erfülle sie mit deiner Kraft!«

Sie betete sehr lange auf diese Weise. Der Mann, der sie überwachte, fing auch an zu weinen. Solche Zerbrochenheit hatte er noch nie gesehen. Nach einer Weile ging er zu ihr und bekannte seine Sünden, tat vor ihr Buße. Kurz darauf wurde er zu einem der treuesten Diener Gottes, den sie jemals gekannt hatte.

Amy McPherson war eine außergewöhnlich starke Frau, Gott hat sie mehr gebraucht als irgendjemanden sonst auf dieser Erde. Sie lebte von 1890 bis 1944. Kathrin Kuhlman hat von ihr gelernt. Heutzutage weiß fast jeder Christ auf der Welt von Kathrin Kuhlmans Salbung.

Auch du musst das Angesicht Gottes so suchen, wie Amy es tat. Auch du musst vor Gott zerbrochen sein, sein Angesicht suchen und ihn um seine Kraft anflehen, dass seine Gnade deinen Dienst begleiten möge. Dann wird die Salbung des Heiligen Geistes unaufhörlich auf dir sein. Die Salbung des Heiligen Geistes ist für uns alle unverzichtbar.

Uns aber hat Gott es offenbart durch den Geist, denn der Geist erforscht alles, auch die Tiefen Gottes.
1. Korinther 2, 10

Nur der Geist »erforscht alles«, sogar die Tiefen Gottes, nur der Geist weiß, was im Herzen Gottes ist. Dann gibt er diese Dinge weiter, enthüllt sie dir, wie es geschrieben steht:

Denn wer von den Menschen weiß, was im Menschen ist, als nur der Geist des Menschen, der in ihm ist? So hat auch niemand erkannt, was in

Gott ist, als nur der Geist Gottes. Wir aber haben nicht den Geist der Welt empfangen, sondern den Geist, der aus Gott ist, damit wir die Dinge kennen, die uns von Gott geschenkt sind. Davon reden wir auch, nicht in Worten, gelehrt durch menschliche Weisheit, sondern in Worten, gelehrt durch den Geist, indem wir Geistliches durch Geistliches deuten.

1. Korinther 2, 11-13

Der Geist des Menschen weiß mehr über die Person als irgendjemand sonst. Genauso weiß der Geist Gottes mehr über Gott als irgendjemand anderer. Wenn du mit dem Heiligen Geist Gemeinschaft pflegst, wird er dir die Geheimnisse Gottes offenbaren. Er nimmt Informationen von Gott und reicht sie dir weiter, damit du sie wiederum anderen weitergeben kannst. Das ist die Salbung, das ist die Erweisung des Geistes, und das Ergebnis wird eine Demonstration der Kraft sein. Wir brauchen die Salbung des Heiligen Geistes, denn das Buch des Propheten Jesaja sagt uns:

Und es wird geschehen an jenem Tag, da wird seine Last von deinen Schultern weichen und sein Joch von deinem Hals; ja, das Joch wird zersprengt werden wegen der Salbung.

Jesaja 10, 27 (Schlachter Übersetzung 2000)

Das Joch wird wegen der Salbung zersprengt. Nur die Salbung des Heiligen Geistes kann das Joch zerbrechen und die Last wegnehmen. Ob du nun mit Menschen sprichst, ihnen predigst, jemanden anlächelst oder anrührst; es muss mit der Salbung des Heiligen Geistes geschehen. Die Salbung in deinem Leben wird die Last anderer Menschen entfernen und ihr Joch zersprengen. Wir alle brauchen den Heiligen Geist unbedingt. Deine Berührung kann den Menschen Heilung bringen, augenblicklich erfahrbar, weil der Heilige Geist dich geleitet hat.

Manchmal grüße ich Menschen nur und lächele sie an, wenn ich vorübergehe. Später bezeugen sie dann, dass sie dadurch Heilung von Gott empfangen haben. Wenn du mit dem Heiligen Geist erfüllt bist und von ihm geleitet wirst, dann führst du ein ganz normales Leben und tust dabei Dinge, die den Nöten der Menschen begegnen und ihnen bei der Lösung ihrer Probleme helfen. Manchmal sind die Antworten, die du auf irgendwelche Fragen gibst, genau die Worte, die der Heilige Geist der entsprechenden Person sagen möchte.

Es geschieht oft, dass ich das Gefühl habe, einem Menschen, der zur Seelsorge kommt, überhaupt nicht helfen zu können, weil ich nur ein normaler Mensch bin. Dann rufe ich innerlich zu Gott und sage im Stillen: »Heiliger Geist, bitte sprich durch mich, tu etwas, gib eine Antwort.« Und ich warte. Der Mensch, mit dem ich spreche, wartet auf eine Antwort von mir, ohne zu wissen, dass auch ich auf eine Antwort warte. Ich weiß natürlich, worauf ich warte. Wenn ich dann anfange zu sprechen, erfüllt der Heilige Geist mein Herz und meinen Mund.

Das Privileg, vom Heiligen Geist geleitet zu werden und völlig mit ihm erfüllt zu sein, steht jedem Gläubigen zu.

Nur die Salbung des Heiligen Geistes kann das
Joch zersprengen und die Last wegnehmen.

Wenn dich der Heilige Geist leitet, wirst du immer gelassen sein. Du wirst wissen, dass Gott alles in der Hand hat. Was auch in deinem Leben geschieht, was auch deinen Glauben angreift – dein Herz hat Ruhe und Frieden, weil du weißt, dass Gottes Macht unbegrenzt ist. Vertraue ihm bei allen deinen Aufgaben, er wird dir helfen, sie zu bewältigen. Wenn ein Mensch mit dem Heiligen Geist erfüllt ist, macht er sich viel weniger Sorgen. Wenn ein Mensch mit dem Heiligen Geist erfüllt ist, ist er längst nicht so ängstlich. Wenn ein Mensch den Heiligen Geist kennt und sich auch in schwierigen Zeiten und in Momenten der Verzweiflung auf ihn zu verlassen weiß, wird er sich nicht beklagen, denn er weiß: Gott regiert.

Es gab eine Phase in meinem Leben, in der ich ständigen Angriffen ausgesetzt war. Die Menschen fragten mich: »Wie kannst du unter solchem Druck leben, wie hältst du das alles bloß aus?« Ich war selbst davon überrascht, wie ich das alles aushalten und überwinden konnte. Als es dann vorüber war und ich aus all den schwierigen Umständen wieder herausgekommen war, fühlte sich das an, als würde ich aus einem Nebel heraustreten. Es stellte sich heraus, dass diese bösen Geister, die mich angegriffen hatten, tatsächlich meinen Geist umzingelt hatten. Gott erklärte es mir. Er sagte mir, dass ein Nebel von finsteren Mächten meinen Geist in der geistlichen Welt umringt hatte, um unsere Gemeinde und mich zu vernichten. Und dann empfand ich einen Durchbruch in der geistlichen Welt.

Aber du kannst dir nicht vorstellen, wie viel Zeit zuvor im Gebet verbracht wurde, welch enorme Anstrengung in der geistlichen Welt notwendig war, welch eine Schlacht wir zu bestehen hatten, um diesen Sieg zu erringen und ihn zu behalten. All das wurde bewältigt durch die Kraft des Heiligen Geistes, durch seine Salbung, die jedes Joch zersprengt.

Ohne die Salbung des Heiligen Geistes, ohne seine Kraft, wirst du einfach versagen und Niederlagen erleiden. Du wirst in der geistlichen Welt tot sein. Finde deinen Platz im Willen Gottes, stelle eine Beziehung mit dem Heiligen Geist her. Das wird dich durch jede Versuchung und Anfechtung hindurchbringen. Gib deine Position nicht auf, benutze jede Gelegenheit, einen Angriff in eine Chance zu verwandeln, Gott näher zu kommen und mehr zu beten.

Das Privileg, vom Heiligen Geist geleitet zu werden und völlig mit ihm erfüllt zu sein, steht jedem Gläubigen zu.

Durch die Kraft des Heiligen Geistes können wir alles überwinden. Du als Diener Gottes, als jemand, den Gott gebrauchen wird, wirst ohne den Heiligen Geist nichts zustande bringen. Der Teufel wird alles unternehmen, was er kann, um dich zu vernichten.

Zum Beginn des vergangenen Jahrhunderts gingen viele Missionare nach Afrika. Etliche von ihnen waren nur religiöse Menschen mit einem brennenden Eifer, sie besaßen nicht die Kraft des Heiligen Geistes. Und leider starben viele dieser Missionare in Afrika. Die Zauberer und Hexen des Kontinents führten geistliche Kriege gegen die

Missionare, und weil diese nicht die Kraft Gottes in sich trugen, waren sie nicht in der Lage, die Angriffe zu überwinden. Du musst die Kraft des Heiligen Geistes kennen, du musst von ihm gestärkt werden, tief in seiner Kraft verwurzelt sein.

O Herr, wie sehr wir dich brauchen, wie sehr wir die Kraft des Heiligen Geistes brauchen, wie sehr wir die Salbung des Heiligen Geistes brauchen! Wir sind von dir abhängig, wir können nichts aus uns selbst tun. Gott, wir bitten dich, deine Salbung auf uns auszugießen. Erfülle uns mit der Kraft des Heiligen Geistes, lass uns tief im Heiligen Geist verwurzelt sein, gründe uns fest auf deine Autorität im Namen Jesu Christi! Dank sei dir, Herr!

Amen.

Schätze für die Seele

1. Der Geist des Menschen weiß mehr über die Person als irgendjemand sonst. Genauso weiß der Geist Gottes mehr über Gott als irgendjemand anderer. Wenn du mit dem Heiligen Geist Gemeinschaft pflegst, wird er dir die Geheimnisse Gottes offenbaren.
2. Um Gott zu dienen, sind die Erfüllung mit der Kraft des Heiligen Geistes und die Führung durch den Heiligen Geist die beiden wichtigsten Voraussetzungen.
3. Wenn du spürst, dass das Ausmaß deiner Inbrunst nachlässt und das Feuer Gottes in dir erlischt, dann wisse, dass du die Salbung verlierst.
4. Nur die Salbung des Heiligen Geistes kann das Joch zersprengen und die Last wegnehmen.
5. Das Privileg, vom Heiligen Geist geleitet zu werden und völlig mit ihm erfüllt zu sein, steht jedem Gläubigen zu.

Kapitel 6 – Lerne es, durch Glauben zu überwinden

Gott respektiert Menschen des Glaubens. Durch den Glauben kannst du deinen Namen in das Geschichtsbuch dieser Generation schreiben.

Der Mensch, den Gott gebrauchen wird, muss mit dem Geist des Glaubens erfüllt sein. Die Bibel sagt, dass Kaleb einen anderen Geist in sich hatte (4. Mose 14, 24). Auf welchen Geist bezieht sich diese Schriftstelle? Kaleb war einer der zwölf Kundschafter, die in das verheißene Land geschickt wurden. Die meisten Kundschafter sahen dort riesige Menschen, Giganten, hochgewachsene Bewohner und wurden von Angst erfüllt. Sie kamen sich wie Heuschrecken vor im Vergleich zu diesen Riesen, und das erzählten sie dem Volk, als sie zurückkehrten.

Doch zwei der Kundschafter bestanden darauf, dass das Volk trotzdem gegen die Bewohner des Landes vorgehen konnte, dass man sie bekämpfen und besiegen konnte. Obwohl auch sie die Tatsachen gesehen hatten, redeten sie davon, was Gott durch sein Volk zu tun vermochte. Sie wussten, dass Gott ihnen befohlen hatte, das Land in Besitz zu nehmen, und dass sie daher auch in der Lage dazu sein würden. Sie vertrauten auf die Verheißung Gottes, aber sie verleugneten nicht die Realität. Sie demonstrierten vielmehr ihre Zuversicht, dass sie mit dem Herrn zusammen alle Umstände überwinden konnten.

Das ist das Prinzip des Glaubens. Das Ergebnis war, dass Gott denen, die an das glaubten, was ihre Augen sahen anstatt an das, was Gott gesagt hatte, den Zutritt zum verheißenen Land nicht gestattete. Nur diejenigen, die glaubten, was Gott ihnen versprochen hatte, erbten das verheißene Land. Das gleiche Prinzip gilt auch heute noch.

Du solltest dich nicht durch das leiten lassen, was du um dich herum siehst. Wenn du entsprechend dem, was du siehst, handelst, wirst du die Früchte des verheißenen Landes nicht genießen können. Das heißt, dass die Verheißungen Gottes sich in deinem Leben nicht erfüllen, und daher wirst du auch deine Berufung nicht erfüllen können. Du musst es lernen, dich nicht an dem zu orientieren, was du siehst und hörst. Du musst an das Unsichtbare glauben. Glaube an Gott, den du nicht sehen kannst, an seine Majestät und Vollmacht. Glaube, dass er dir bei der Erfüllung deines Schicksals helfen wird. Das ist überhaupt nicht leicht. Es ist für einen normalen Menschen nicht leicht, Riesen zu erblicken und dann in den Angriff überzugehen. Der Teufel wird Zweifel in deine Gedanken säen. Doch wenn du eine feste Entscheidung triffst, den Kampf aufzunehmen, dann wird Gott seinen Teil tun und dir den Sieg schenken.

Nur diejenigen, die glaubten, was Gott ihnen versprochen hatte, erbten das verheißene Land.

Der Geist des Glaubens ist ein unverzichtbarer Bestandteil des Charakters jedes Menschen, den Gott gebrauchen wird. Er kann dich nicht übernatürlich gebrauchen, wenn du nicht lernst, im Glauben zu wandeln und zu wirken. Wir lehren über den Glauben, wir hören vom Glauben, aber wir müssen auch lernen, aus dem Glauben zu leben. Etwas zu glauben, bevor es geschieht – das ist unsere Berufung. Das unterscheidet uns Christen von allen anderen Menschen. Wenn du die Dinge Gottes erfolgreich tun willst, dann musst du lernen, etwas zu glauben, bevor du es sehen kannst. Was du erwartest, ist das, was in deinem Leben tatsächlich geschehen wird. Lerne es, Ereignisse im Glauben zu empfangen, bevor sie tatsächlich eintreten. Lerne es, zukünftige Dinge durch den Geist so lange zu sehen, bis sie wirklich da sind. Wisse, dass sie tatsächlich schon geschehen sind. Das nennen wir den Geist des Glaubens. Nur Menschen, die eine solche Einstellung zum Leben haben, werden bis zu Spitze der Leiter des Glaubens emporsteigen, die Leiter des Heiligen Geistes erklimmen, die Leiter der großen Erhöhung und des großen Einflusses im Reich Gottes. Jeder weiß, dass er glauben sollte, aber nur wenige praktizieren es tatsächlich.

Zuerst musst du anfangen, in einer neuen Weise zu denken. Es ist lebenswichtig zu wissen, was Gott in der natürlichen Welt tun wird, bevor es geschieht. Vielleicht wirst du von allen Seiten durch schwierige Umstände unter Druck gesetzt, durch Bedrängnisse, die unüberwindlich scheinen. Wenn sie dir größer erscheinen als das, was Gott tun kann, dann gehörst du zu den zehn Kundschaftern, die an der Verheißung Gottes zweifelten. Du wirst nur entsprechend der Situation, die du siehst, handeln. Doch wenn du auf das schaust, was Gott dir verheißt, wenn du es so betrachtest, als sei es bereits eingetreten, wirst du bestimmt Sieg in deinem Leben erfahren und der Teufel muss zurücktreten.

Du solltest der Krankheit und dem Leiden ins Gesicht sagen:»Ja, ich bin krank, aber ich weiß, dass ich geheilt sein werde. Ich glaube der Tatsache, dass ich geheilt sein werde, mehr als der Tatsache, dass ich krank bin. Ja, ich bin einsam, aber Jesus ist bei mir. Ich bin sicher, dass Jesus bei mir ist und der Heilige Geist ständig in mir wohnt. Ich weiß, dass ich nicht einsam bin.«

Wir wiederholen oft den Fehler der zehn Kundschafter, weil wir uns an dem orientieren, was wir sehen. Darum ernten wir dann negative Resultate. Die Israeliten konnten das verheißene Land nicht betreten. Sie waren 40 Jahre zu diesem Land unterwegs, und dann konnten sie nicht hinein, weil sie Gott nicht völlig vertrauten sondern sich angesichts der Umstände hilflos fühlten.

Der Geist des Glaubens ist ein unverzichtbarer Bestandteil des Charakters jedes Menschen, den Gott gebrauchen wird.

Wenn du Gott dienst und ihn kennst, musst du dir der Tatsache sicher sein, dass du mit ihm größer bist als alle Umstände. Mit ihm zusammen bist du höher als jeder Berg. Zusammen mit ihm kannst du jede feindliche Armee besiegen.

Die beiden Kundschafter, die eher Gott als der Realität glaubten, konnten das Land betreten und da flossen Milch und Honig. Milch und Honig sind Symbole für Überfluss. Gott verspricht Überfluss und Erfolg all denen, die trotz ihrer Umstände Gottes Verheißungen glauben. Nur solche Menschen werden am Erbe Gottes teilhaben.

Wenn Gott dich in einen Dienst beruft, aber Hindernisse im Weg stehen, mit jedem Schritt, den du tust, weitere Beschwernisse auftauchen, dann denke daran: Er hat dich berufen, eine bestimmte Aufgabe zu erfüllen. Er wusste, dass dir Hindernisse begegnen werden, aber er ließ sie zu, um herauszufinden, was dich wirklich antreibt – Glaube oder das, was vor Augen ist. Lerne, zu sagen: »Es ist egal, denn was ich glaube, wird geschehen, nicht das, was ich sehe.«

Ohne Glauben aber ist es unmöglich, ihm wohlzugefallen; denn wer Gott naht, muss glauben, dass er ist und denen, die ihn suchen, ein Belohner sein wird.
Hebräer 11, 6

Es reicht nicht, nur dann zu glauben, wenn du zu Gott kommst. Wenn du ihm weiter gefallen willst, solltest du das glauben, worum du ihn bittest und deinen Geist darauf ausrichten. Dann wird Gott dir dabei helfen, dass es Realität wird, selbst wenn alle Umstände gegen dich sind. Denn die Bibel sagt: »... wer Gott naht, muss glauben, dass er ist und denen, die ihn suchen, ein Belohner sein wird« und gleichzeitig: »ohne Glauben aber ist es unmöglich, ihm wohlzugefallen«.

Ich hatte es einmal mit einer sehr schwierigen Herausforderung bezüglich meiner Gesundheit zu tun. Ich sagte: »Herr, ich glaube dir trotzdem.« Ich betete sehr lange, aber es verbesserte sich nichts. Ich suchte andere Pastoren auf und bat sie, für mich zu beten, aber ich empfing keine Heilung. Doch die ganze Zeit glaubte ich weiter, dass nur der Herr mich heilen konnte. Er ist mein Heiland. Wenn wir Ärzte aufsuchen, weisen wir dadurch nicht die Heilungskraft des Herrn zurück. Wir glauben nur, dass diese Ärzte ein Teil des göttlichen Segens für unsere Gesundheit sein können. Und wenn dieser Glaube in unseren Herzen wohnt, dann sieht das Gott und wird es belohnen.

»… denn wer Gott naht, muss glauben, dass er ist und denen, die ihn suchen, ein Belohner sein wird.« Ohne Glauben ist es unmöglich, Gott zu gefallen. Triff deine Entscheidung und vertraue dem Herrn in allen Dingen. Das Maß deines Glaubens wird darüber entscheiden, wie weit du mit Gott gehen wirst und wie hoch du mit ihm emporsteigen kannst.

Das Maß deines Glaubens bestimmt deinen Platz in der geistlichen Welt. Ich versichere dir, dass Gott mit dir ist und immer an deiner Seite bleiben wird. Auch wenn die Umstände das Gegenteil beweisen wollen, wenn in deiner Seele Zweifel auftaucht, muss der Glaube, den du im Herzen trägst, weiter wirken. Selbst wenn dein Geist dich im Stich lässt, lass dein Herz nicht versagen! Wenn in deinen Gedanken Angst auftaucht, wenn du zu zweifeln beginnst, lass dein Herz weiter fest bleiben, gegründet auf dem Eckstein, der Jesus Christus ist. Du musst wissen, dass Gott immer an deiner Seite ist. Du musst wissen, dass am Ende des Tunnels Licht sein wird. Sei dir der Tatsache sicher, dass Gott immer seinem Wort treu ist! Vertraue ihm! Wende dich im Gebet ihm zu und wisse, dass er dich hört und dass seine Hilfe nicht ausbleiben wird. Der Sieg wird dir gehören!

Denn alles, was aus Gott geboren ist, überwindet die Welt; und dies ist der Sieg, der die Welt überwunden hat: unser Glaube.

1. Johannes 5, 4

Dies ist das wichtigste Prinzip des siegreichen Lebens. Der Mensch, den Gott gebrauchen wird, geht durch all diese schwierigen Kämpfe, Schlachten und Angriffe in seinem Leben hindurch. Gott will nicht, dass der Teufel dich überwältigt. Darum bewaffnet er dich mit Glauben, denn nur durch den Glauben kannst du die Welt überwinden. Nicht einmal Gott kann für dich die Welt überwinden. Das ist deine Schlacht, und nur mit seinen Mitteln wirst du das Wissen und die Erfahrung bekommen, die notwendig sind, um dich in der geistlichen Welt auf eine höhere Ebene zu bringen.

Das Maß deines Glaubens bestimmt
deinen Platz in der geistlichen Welt.

Nicht Gebet überwindet die Welt, sondern der Glaube an das Wort Gottes. Wenn du viel betest, aber dennoch nicht feststellst, dass du Glauben besitzt, solltest du dich neu bewaffnen: Nimm den Schild des Glaubens in die Hand und bete erst dann weiter, wenn du ihn besitzt. Tauche tief in das Wort Gottes hinein, damit du deinen Glauben stark machen kannst. Nur dann wird dein Gebet effektiv sein, denn es steht geschrieben: nicht das Gebet, nicht das

Fasten, sondern der Glaube überwindet die Welt. Du wirst Angriffe gegen deinen Dienst erleben. Wenn du anfängst, in der geistlichen Welt höher hinaufzusteigen, wirst du die Hölle und all ihre Legionen zum Zittern bringen. Du wirst für den Teufel in der geistlichen Welt zur Gefahr, du wirst in der Hölle bekannt sein; daher wirst du in einem ständigen Kriegszustand leben. Doch dein Glaube wird dir deinen Sieg sicherstellen, in all diesen Lebenskämpfen. Die Bibel sagt:

Wir wissen, dass wir von Gott sind und die ganze Welt im Argen liegt.
1. Johannes 5, 19

Die ganze Welt liegt im Argen, aber wir sind von Gott. Du willst die Welt erobern, die Welt für den Herrn gewinnen, und das bedeutet, dass du das Böse überwinden willst. Doch das ist nicht so einfach zu schaffen. Der einzige Mensch, der jemals die Welt überwunden hat, ist Jesus, und es gelang ihm nur durch den Glauben. Du wirst die Welt überwinden, wenn du in seinen Fußstapfen wandelst. Wenn du das tust, wirst du durch alle Umstände hindurchgehen, jedes Hindernis überwinden und jeden Berg, jede Festung zerstören, die dir im Weg stehen mögen. Folge Jesus! Schau ihn an. Glaube nur an ihn, beachte nicht die Dinge, die für diese Welt klar und offensichtlich sind. Sei ein Narr um Christi willen. Gott belohnt solchen Glauben und verleiht denen, die ihn besitzen, den Sieg.

Diese Einstellung ist sehr wichtig, wenn du betest. Dein Glaube sollte dem Gebet vorauseilen. Diesbezüglich lerne ich immer noch hinzu. Ich will alles mir Mögliche tun, um mich auf diesem Gebiet zu ändern, so denken zu lernen: In dem Moment, in dem ich bete, empfange ich bereits. Wenn ich bete, dann werde ich bekommen, worum ich bitte. Ich weiß, dass ich es erhalten werde schon in dem Augenblick, in dem mein Gebet beginnt. Das Gebet ist einfach das Mittel, mit dem ich es mir beschaffe. So funktioniert das Prinzip des Glaubens.

Menschen, die wirklichen Glauben haben, sind ihren Gebeten voraus. Wenn sie anfangen zu beten, im Moment des Gebetes, ist ihr Anliegen bereits erfüllt.

Und dies ist die Zuversicht, die wir zu ihm haben, dass er uns hört, wenn wir etwas nach seinem Willen bitten.
1. Johannes 5, 14

Wir haben eine Zuversicht, die auf diesem Wort gegründet ist. Wenn wir kein Vertrauen darauf hätten, dass Gott uns hört, hätten wir gar nicht erst um etwas gebeten. Gott will, dass wir im Voraus glauben, dass er erhört, bevor wir ihn noch um etwas bitten.

Und wenn wir wissen, dass er uns hört, was wir auch bitten, so wissen wir, dass wir das Erbetene haben, das wir von ihm erbeten haben.
1. Johannes 5, 15

Wir wissen, dass er uns hört, bevor wir noch anfangen zu beten, und das ist der Grund, warum wir beten. Und wenn wir wissen, dass er uns hört, dann wissen wir auch, dass wir bekommen werden, worum wir bitten. Und wir wissen, dass es uns bereits gehört. Das ist Glaube, das ist der Geist des Glaubens. Er hört uns, wenn wir seinem Willen gemäß beten. Und wenn er uns hört, werden wir das bekommen, worum wir beten.

Gott wird von dir in deinem Dienst Dinge verlangen, die für dein Denken unvorstellbar sind, die über dein Verständnis hinaus gehen. All die Aufgaben, die Gott dir in deinem Dienst geben wird, werden dir unmöglich vorkommen. Du wirst festen Glauben brauchen, um überhaupt mit der Arbeit anfangen zu können. Ohne Glauben kannst du nichts tun, was für Gott eine Bedeutung hätte. Die Aufgabe, die Gott uns gibt, übersteigt nämlich die Kraft eines Menschen und unser Verstand kann sie nicht erfassen. Doch indem du einfach auf die Kraft Gottes vertraust und einen starken Geist des Glaubens behältst, wirst du in der Lage sein, alles zu erreichen und einen strahlenden Sieg zu erringen.

Dein Glaube sollte dem Gebet vorauseilen.

Es ist sehr schwierig, in der Schule des Glaubens jederzeit ein herausragender Schüler zu sein. Du wirst manchmal Fehler machen und Niederlagen erleiden, du wirst oft zum Ausgangspunkt zurückkehren und von vorne anfangen müssen, weil dir Glaube fehlt oder deine Vorbereitung unzulänglich war. In der Schule des Glaubens gelten zeitweise Niederlagen als normal. Es ist normal, sich für eine Weile zurückzuziehen, um dann anschließend einen gewaltigen und herrlichen Sieg zu erringen. Anders ausgedrückt: In deinem Leben werden Fehler vorkommen. Was immer auch Gottes Auftrag für dich ist, du brauchst Glauben. Was er dir zu sagen hat, spricht er zu deinem Geist. Aber um das dann anderen Menschen durch deine

Seele und dein Wissen weiterzugeben, brauchst du eine bestimmte Menge an Erfahrung und Können. Darum musst du ein gewisses Maß an versehentlichen Abweichungen und offensichtlichen Fehlern einkalkulieren. Davor solltest du keine Angst haben, denn wenn du dich fürchtest, wirst du überhaupt nichts für Gott tun können. Du musst alles aus Glauben tun. Gott wird dich nicht gebrauchen können, wenn du keinen Glauben hast. Zweifel können jede geistliche Gabe auslöschen.

Der Teufel wird dich immer mit Zweifeln angreifen. Er weiß, dass du ohne Glauben die Leiter Gottes nicht emporsteigen kannst. Darum will er dich mit Zweifeln zu Fall bringen. Wenn du dich fürchtest, kannst du nichts bewerkstelligen, was irgendeinen Wert hat. Furcht zerstört den Glauben. Furchtsame Menschen werden überhaupt nichts für das Reich Gottes im geistlichen Bereich zustande bringen. Sehr viele Menschen sind von Furcht gelähmt, sie sind geistlich impotent geworden, weil der Teufel ihren Glauben mit Furcht ausgelöscht hat. Ein Mensch voller Furcht wird niemals weit auf der Leiter hinaufsteigen können; er bleibt ständig auf der untersten Sprosse. Der Glaube ist die Leiter, auf der du hinaufsteigst. Lass deinen Glauben dir vorausgehen. Wenn etwas beim ersten Versuch schief gegangen ist, dann versuche es erneut. Fürchte dich nicht davor, deine Fehler zuzugeben. Wir alle machen Fehler. Aber wenn du einem Fehler gestattest, dich zum Stillstand zu bringen, dann wirst du niemals Gottes Leiter hinaufsteigen. Du brauchst ein klares Bild von den Zielen deines Dienstes und du musst ihnen zustreben, selbst wenn sie dir unerreichbar scheinen. Bete zu Gott und sage ihm:»Ich glaube daran.«

Die Bibel sagt, dass Gott überfließend mehr tun kann, als wir bitten oder verstehen. Wenn ich darüber nachdenke, 4.000 neue Gläubige in meine Gemeinde zu bekommen, werde ich damit anfangen, für 7.000 zu beten. Ich will meinen Glauben nicht einschränken, ihn nicht anbinden. Du musst dein Ziel definieren und darauf zusteuern. Tu alles, was in deiner Macht steht, um das Ziel zu erreichen, gib dich der Sache ganz hin und setze all deine Fähigkeiten ein.

Niemand kann mächtig und voller Kraft sein, bevor er gelernt hat, im Glauben zu leben und zu wandeln und zu wirken. Nur durch den Glauben allein wirst du alle Kämpfe im Leben siegreich bestehen können.

Die Bibel sagt: Legt die volle Waffenrüstung Gottes an, vor allem aber die Waffe des Glaubens. Warum lässt Gott manchmal Probleme in unserem Leben zu? Damit unser Glaube wächst, denn der Glaube ist unser Schild. Was ist ein Schild? Er dient dem Schutz. Was bedeutet dann Schild des Glaubens? Ein Schild ist etwas, was dich bedeckt und schützt, und mein Schild ist mein Glaube. Manchmal hast du das Gefühl, dass dein Glaube etwas schwächer wird. Das heißt, dass du deinen Schild weglegst. Das heißt, dass du dich auf eine Niederlage einstellst. Du darfst es deinem Glauben nicht gestatten, besiegt zu werden. Wenn du deinen Schutz verlierst, wird der Teufel dich zerstören.

Bei alledem ergreift den Schild des Glaubens, mit dem ihr alle feurigen Pfeile des Bösen auslöschen könnt!

Epheser 6, 16

Jeden Tag werden Pfeile auf dich abgeschossen. Wenn du Gott dienst, werden die Pfeile des Feindes ständig dein Fleisch, deinen Geist, deine Familie und deinen Dienst attackieren. Durch den Glauben jedoch kannst du trotz alledem fröhlich und glücklich bleiben. Denn es steht geschrieben: ... **mit dem ihr alle feurigen Pfeile des Bösen auslöschen könnt!**

Nur durch den Glauben, nicht durch Gebet und Fasten allein, gelingt es dir, alle Pfeile Satans auszulöschen. Fasten und Gebet müssen zusammenwirken, damit dein Glaube stark wird, was dich dann über alle Umstände erhebt.

Der Mensch, den Gott gebrauchen wird, muss voller Glaube sein. Allen, die jemals etwas für den Herrn erreicht haben, gelang das durch den Glauben. Alle Generäle Gottes sind durch den Glauben geworden, was sie heute sind. Alle Kinder Gottes, auf denen seine Gunst ruhte und deren Leben in der Bibel beschrieben ist, haben ihre Heldentaten durch den Glauben vollbracht.

Durch Glauben segnete Isaak auch im Hinblick auf zukünftige Dinge den Jakob und den Esau.

Hebräer 11, 20

Der Glaube sollte deinem Gebet vorauseilen. Glaube geht den Resultaten voraus, bevor du sie siehst. Isaak wusste das. Er wusste im Glauben, dass etwas geschehen würde, wenn er Jakob und Esau segnete. Im Glauben segnete er die Zukunft. Dein Glaube muss dir die Skizzen der Zukunft liefern, bezüglich deines Dienstes und deines ganzen Lebens. Dein Glaube muss deinem Leben fünf oder zehn Jahre voraus sein. Dein Glaube muss dein Leben und deine Zukunft für dich bauen. Durch den Glauben kannst du einen Blick auf das Morgen werfen.

Durch Glauben segnete Jakob sterbend einen jeden der Söhne Josefs und betete an über der Spitze seines Stabes. Durch Glauben gedachte Josef sterbend des Auszugs der Söhne Israels und traf Anordnung wegen seiner Gebeine.
Hebräer 11, 21-22

Im Glauben sah Joseph die Kinder Israels Ägypten verlassen. Was siehst du mit deinen Augen des Glaubens? Ich stelle mir diese Frage selbst. Der Glaube sieht die Zukunft. Wenn du durch den Geist des Glaubens die Zukunft sehen kannst, wird es dir leichter fallen, zeitweise Opposition und Widerspruch auszuhalten.

Durch Glauben wurde Mose nach seiner Geburt drei Monate von seinen Eltern verborgen, weil sie sahen, dass das Kind schön war; und sie fürchteten das Gebot des Königs nicht. Durch Glauben weigerte sich Mose, als er groß geworden war, ein Sohn der Tochter Pharaos zu heißen, ...
Hebräer 11, 23-24

Mose glaubte, dass Gott ihn vor seinen Verfolgern retten würde, obwohl ihm der Tod drohte.

... und zog es vor, lieber zusammen mit dem Volk Gottes geplagt zu werden, als den zeitlichen Genuss der Sünde zu haben, ...
Hebräer 11, 25

Der Glaube macht es möglich, dass du mitten in den Schwierigkeiten des Augenblicks weißt: Morgen wird es besser sein als heute. Durch den Glauben kannst du Leiden Erniedrigungen, Beleidigungen und Beschämungen aushalten, weil die Augen des Glaubens auf eine helle und wunderbare Zukunft gerichtet sind, die Gott für dich vorbereitet hat.

... indem er die Schmach des Christus für größeren Reichtum hielt als die Schätze Ägyptens; denn er schaute auf die Belohnung. Durch Glauben verließ er Ägypten und fürchtete die Wut des Königs nicht; denn er hielt standhaft aus, als sähe er den Unsichtbaren.
Hebräer 11, 26-27

Der Glaube sieht Unsichtbares. Durch den Glauben sehe ich mein zukünftiges Privatleben, meinen Dienst in der Zukunft, meine Familie. Ich bin nicht auf das Heute beschränkt. Heute löse ich die gegenwärtigen Probleme, aber ich lebe für morgen, schaue mit den Augen des Glaubens in die Zukunft.

Durch Glauben verließ er Ägypten und fürchtete die Wut des Königs nicht; denn er hielt standhaft

129

aus, als sähe er den Unsichtbaren. Durch Glauben
hat er das Passah gefeiert und die Bestreichung
mit Blut ausgeführt, damit der Verderber der Erst-
geburt sie nicht antastete.
Hebräer 11, 27-28

Die Israeliten sahen das Rote Meer, und Gott sagte:
»Geht!« Das war nicht einfach, denn Gott hatte das Meer
nicht bereits in trockenes Land verwandelt. Er sagte ihnen
nur, sie sollten auf die andere Seite hinüberwechseln. Sie
mussten in das Wasser treten. Sie mussten Gott glauben, in
das Meer hineingehen in dem Glauben, dass sie es durch-
queren konnten.

**Durch Glauben gingen sie durch das Rote Meer
wie über trockenes Land, während die Ägypter,
als sie es versuchten, verschlungen wurden.** Durch
Glauben fielen die Mauern Jerichos, nachdem sie
sieben Tage umzogen worden waren.
Hebräer 11, 29-30

Unser Leben wird dieser Geschichte auf vielfache Weise
ähnlich sein. Du glaubst, dass du ertrinken wirst, und dann
rettet dich Gott. Alles scheint auseinander zu brechen und
dann kommt dir Gott zu Hilfe. Sei bereit, Gott zu vertrauen,
selbst wenn du stirbst. Der Mensch, den Gott gebrauchen
wird, muss Gott in allem vertrauen.

Durch den Glauben ging die Hure Rahab nicht mit den Un-
gläubigen unter, weil sie die Kundschafter in Frieden aufgenommen hatte.

**Durch Glauben kam Rahab, die Hure, nicht mit
den Ungehorsamen um, da sie die Kundschafter in
Frieden aufgenommen hatte. Und was soll ich
noch sagen? Denn die Zeit würde mir fehlen,
wenn ich erzählen wollte von Gideon, Barak,
Simson, Jeftah, David und Samuel und den
Propheten, die durch Glauben Königreiche bezwangen, Gerechtigkeit wirkten, Verheißungen erlangten, der Löwen Rachen verstopften, ...
Hebräer 11, 31-33**

Es ist möglich, dass ich eines Tages die Ukraine verlassen
muss, weil ich meine Zukunft im internationalen Dienst, für
alle Nationen sehe. Ich möchte mein Leben so gestalten,
dass man eines Tages über mich schreiben wird: Dieser
Mann des Glaubens ging in ein fremdes Land, das vom
Kommunismus regiert wurde, und dorthin hat er das Reich
Gottes gebracht. Im Glauben riskierte dieser Mann sein
Leben, seine Familie und alles, was er besaß. Im Glauben
gab er sein Heimatland auf, im Glauben opferte er alles,
um sein Ziel zu erreichen. Durch den Glauben sind große
Werke durch diesen Mann geschehen, weil er an den Gott
glaubte, der ihn errettete und dem er diente. Er wusste,
dass Gott ihm Resultate schenken würde.

Die Bibel sagt, dass durch den Glauben Menschen Königreiche bezwingen können. Und ich bete, dass dies eines
Tages nicht nur über Pastor Sunday gesagt werden kann,
sondern über viele andere Menschen, Tausende von
Menschen, die in ihrer Lebensspanne gewaltige Raubzüge
ausgeführt haben. Wenn ich darüber nachdenke, was die

Apostel, die Propheten und viele andere, die vor meiner Zeit gelebt haben, für Gott getan haben, wie heldenhaft sie ihr Leben aufgrund des Glaubens an Gott geopfert haben, dann verstehe ich, wie sehr sie sich die gleiche Glaubensstärke in unserer Generation wünschen würden.

Der Mensch, den Gott gebrauchen wird, muss ein Glaubensmensch sein und Gott in allem vertrauen.

Du musst kein Napoleon sein, kein Alexander der Große. Aber du musst ein Mensch des Glaubens sein. Dann wird dir Gott Königreiche unterwerfen! Habe den Glauben Gottes! Wenn dir nach Aufgeben zumute ist, dann steh auf und sprich im Glauben:»Meine Lage wird sich zum Besseren verändern.« Wenn du zu sterben meinst, dann weigere dich zu sterben und glaube, dass Gott die Situation verändern wird! Wenn sich der Glaube manifestiert, dann überwindet er sogar die schwierigsten Anfechtungen und Lebensumstände. Dein Glaube wird sich manifestieren, während du klare Ziele aufstellst. Geh durch die Hindernisse und Schranken hindurch, überwinde sie Schritt für Schritt durch den Glauben, eines nach dem anderen, bis du den Sieg sehen kannst. Gott achtet Menschen des Glaubens. Durch den Glauben kannst du deinen Namen zur Geschichtsschreibung dieser Generation hinzufügen.

... die durch Glauben Königreiche bezwangen, Gerechtigkeit wirkten, Verheißungen erlangten, der Löwen Rachen verstopften, ...
Hebräer 11, 33

Es mag sein, dass du keine Königreiche unterwerfen musst, aber dein Werk wird nicht weniger wert sein, wenn du willst, dass man über dich als einen Menschen berichtet, der im Glauben die Wahrheit aufrecht erhielt, wo die Bosheit freien Lauf hatte, der falls nötig bis aufs Blut kämpfte, um die Gerechtigkeit zu verteidigen.

Es gibt so manche Löwen um dich herum, die dich in deinem Leben umzingeln; du musst es lernen, ihnen im Glauben den Rachen zu verstopfen. Du musst im Glauben handeln und wandeln, im Glauben beten, im Glauben sprechen und im Glauben geistliche Realitäten herstellen. Wenn ich das Leben dieser Männer Gottes in der Bibel studiere, dann muss ich für den Unglauben in unserer Generation Buße tun:»Herr, hilf uns, wahre Gläubige zu werden.« Wir sind noch nicht einmal durch solche Umstände geprüft worden, wie diese Männer Gottes, und dennoch sind wir schon verängstigt und verstört. Lasst und in dem Glauben leben, der die Menschen gerecht macht. Glaube macht uns gerecht!

Die Männer des Glaubens in der Bibel gingen durch das Feuer, entkamen um Haaresbreite dem Tod, wurden in ihrer Schwachheit stark gemacht, sie bestanden gewaltige Schlachten und schlugen die feindlichen Heere in die Flucht. All das taten sie aus dem Glauben heraus: ... **die durch Glauben Königreiche bezwangen, Gerechtigkeit wirkten, Verheißungen erlangten, der Löwen Rachen verstopften** ... (Hebräer 11, 33). Einige erlitten brutale Verfolgung, erduldeten Fesseln und Gefängnis ...

Sie wurden gesteinigt, zersägt, starben den Tod durch das Schwert, gingen umher in Schafpelzen, in Ziegenfellen, Mangel leidend, bedrängt, geplagt.

Hebräer 11, 37

Gott änderte nichts an ihren Umständen, er hielt ihre Feinde nicht auf, und dennoch glaubten sie unvermindert weiter. Die Menschen, die Gott dazu gebrauchen wird, große Ernte für ihn einzubringen, werden unabhängig von jeglichen Umständen glauben. Darum steht über sie geschrieben: »Sie, deren die Welt nicht wert war«. Ich wünschte, irgendwann würden die Menschen über uns so reden können.

Sie, deren die Welt nicht wert war, irrten umher in Wüsten und Gebirgen und Höhlen und den Klüften der Erde. Und diese alle, die durch den Glauben ein Zeugnis erhielten, haben die Verheißung nicht erlangt, da Gott für uns etwas Besseres vorgesehen hat, damit sie nicht ohne uns vollendet werden sollten.

Hebräer 11, 38-40

Es ist in unserer Zeit leichter, zur Perfektion zu gelangen. Es ist heutzutage leicht, »durch Glauben Königreiche zu bezwingen, Gerechtigkeit zu wirken, Verheißungen zu erlangen«. Wir leben in einer besseren Zeit als sie damals. Wie viel mehr sollten wir daher in der Lage sein, große Werke des Glaubens zu vollbringen! Alles ist uns möglich in Jesus Christus, durch den Glauben. Du kannst alles tun durch Christus, der dir Kraft gibt.

Dein Glaube wird sich manifestieren,
während du klare Ziele aufstellst.

Der Mensch, den Gott gebrauchen wird, muss ein Mensch des Glaubens sein. Wenn jemand stark und mächtig durch den Glauben ist, hat er den Geist des Glaubens. Das ist es, was wir alle brauchen. Wir haben es alle nötig, dass Gott uns höher hinaufhebt. Wir alle müssen die Offenbarung des Glaubens erleben.

Herr, offenbare uns den Glauben in einer neuen und anderen Weise. Lehre uns größeres Vertrauen auf die Sicherheit in dir als bezüglich unserer sichtbaren Umstände und Situationen. Herr, wir wollen dir glauben, trotz unserer unmöglichen Situation. Wir wollen dir glauben, dass mit dir nichts unmöglich ist und das wir durch dich das tun können, was unmöglich ist. Wir wollen dir glauben, Herr. Wir wollen im Glauben wandeln, vom Glauben bewegt sein und in ihm stark werden.

O Herr, schenk uns ein richtiges Verständnis des Glaubens. Gib uns den Sieg des Glaubens. Mögen wir ein Schild des Glaubens über unsere Häupter erheben!

Ich bete, dass die Dynamik des Glaubens in uns und durch uns demonstriert wird. Geist Gottes, stärke unseren Glauben und öffne unsere Augen, damit wir sehen und handeln können, durch den Glauben Reiche unterwerfen, durch den Glauben die Wahrheit hochhalten, durch den Glauben Löwen das Maul stopfen, durch den Glauben Nationen verändern und wiederherstellen können. Lass uns durch den Glauben das Reich Gottes hier auf der Erde bauen. Im Namen Jesu Christi.

Amen.

Schätze für die Seele

1. Gott achtet Menschen des Glaubens. Durch den Glauben kannst du deinen Namen in das Geschichtsbuch dieser Generation schreiben.
2. Nur diejenigen, die glaubten, was Gott versprochen hatte, konnten das Gelobte Land betreten.
3. Der Geist des Glaubens ist ein untrennbarer Bestandteil jedes Menschen, den Gott gebrauchen wird.
4. Der Grad deines Glaubens entscheidet über deine Position in der geistlichen Welt.
5. Dein Glaube sollte deinen Gebeten vorausgehen.
6. Furcht zerstört Glauben.
7. Der Mensch, den Gott gebrauchen wird, muss ein Mensch des Glaubens sein, der Gott in allen Dingen vertraut.
8. Dein Glaube wird sich manifestieren, wenn du dir klare Ziele setzt.

Errettung

Wenn du Jesus Christus noch nicht als deinen Herrn und Erretter angenommen hast, lade ich dich ein, in diesem Augenblick im Gebet mit ihm zu sprechen.

Gott wird dir echte Freude, Frieden und Glück schenken. Nur Gott kann all deine Fragen beantworten. Er ist der Einzige, der deine Probleme lösen kann. Lebe mit Gott, habe Vertrauen auf Gott – das ist wahre Glückseligkeit.

Gott liebt dich und er wartet auf dich. Er braucht dich.

Das Gebet des Sünders

Himmlischer Vater! Ich komme im Gebet zu dir und bekenne dir all meine Sünden. Ich glaube deinem Wort. Ich glaube, dass du jeden annimmst, der zu dir kommt. Herr, vergib mir all meine Sünden, sei mir gnädig.

Ich will nicht mehr länger so weiterleben. Ich möchte dir gehören, Jesus! Komme in mein Herz und reinige mich. Sei mein Helfer und mein Retter. Führe mich.

Ich erkenne dich, Jesus Christus, als meinen Herrn an. Ich danke dir, dass du mein Gebet gehört hast und ich nehme meine Erlösung durch den Glauben an.

Ich danke dir, mein Erlöser, dass du mich so, wie ich bin, angenommen hast.

Amen

Wenn du dieses Gebet ernsthaft gebetet hast, hat Gott dich erhört und dir all deine Sünden vergeben. Gott ist jetzt dein Vater und Jesus ist dein Freund. Lese das Wort, lebe mit Gott und bete.

Erfüllung mit dem Heiligen Geist

Der Heilige Geist ist die dritte Person der göttlichen Dreieinigkeit. Er ist derjenige, den Gott gesandt hat, um bei seinen Kindern zu sein. Der Heilige Geist überführt uns, wenn wir etwas Falsches tun. Er leitet uns zurück auf den richtigen Weg. Sehr oft betrüben wir ihn. Wenn wir in schwierige Situationen geraten und nicht sicher sind, was falsch und was richtig ist, dann hilft er uns, solange wir mit ihm in Einklang sind, die Situation mit Gottes Augen zu sehen. Der Heilige Geist wird dich lehren, zwischen wahrer und falscher Lehre zu unterscheiden. Er wird dir auch helfen, eine Gemeinde zu finden, in der Jesus Christus verherrlicht wird.

Das Gebet um die Taufe im Heiligen Geist

Nun bin ich wiedergeboren, ich bin Christ, ein Kind des allmächtigen Gottes. Ich bin gerettet! Herr, du hast in deinem Wort gesagt: Wenn nun ihr, die ihr böse seid, euren Kindern gute Gaben zu geben wisst, wie viel mehr wird der Vater, der vom Himmel gibt, den Heiligen Geist geben denen, die ihn bitten! Lukas 11, 13

Ich flehe dich an, Herr, erfülle mich mit dem Heiligen Geist. Heiliger Geist, erhebe dich in mir, wenn ich dich lobe. Ich glaube auch, dass ich in einer unbekannten Sprache sprechen werde.

Amen.